LARS BERGE

DER BÜRO
NINJA

LARS BERGE

DER BÜRO-NINJA

ROMAN

AUS DEM SCHWEDISCHEN VON
FRANK ZUBER

carl's books

MIX
Papier aus verantwor-
tungsvollen Quellen
FSC
www.fsc.org   FSC® C083411

Verlagsgruppe Random House FSC® N001967
Das für dieses Buch verwendete FSC®-zertifizierte Papier
Lux Cream liefert Stora Enso, Finnland.

1. Auflage
Copyright © Lars Berge 2013
First published by Wahlström&Widstrand, Stockholm Sweden
Published in the German language by arrangement with
Bonnier Rights, Stockholm Sweden
Copyright © der deutschsprachigen Ausgabe 2015
bei carl's books, München,
in der Verlagsgruppe Random House GmbH
Umschlaggestaltung: semper smile, München
Satz: Uhl + Massopust, Aalen
Druck und Bindung: CPI books GmbH, Leck
Printed in Germany
ISBN 978-3-570-58549-8

www.carlsbooks.de

Ihnen ist nicht nach Lächeln zumute? Was tun? Zwei Dinge. Erstens: Zwingen Sie sich dazu. Wenn Sie allein sind, zwingen Sie sich, eine Melodie zu pfeifen, zu singen oder zu summen. Tun Sie, als wären Sie glücklich, und es wird Ihnen leichter fallen, glücklich zu sein.

Dale Carnegie, *Wie man Freunde gewinnt: Die Kunst, beliebt und einflussreich zu werden*

Think outside the box

Der Karton stand bündig auf einer Palette, Standardmaß 1168 x 768 Millimeter. Er war gut und gern einen Meter hoch und fest mit Paketband und dicker Nylonschnur verschlossen.

Laut Packzettel beinhaltete das Paket Büromöbel, doch aus dem Inneren waren deutliche Kratzgeräusche zu vernehmen. Dann ein lautes Klopfen gegen die dicke Wellpappe. Kein Zweifel, das Paket enthielt ein lebendes Wesen. Halb erstickte Hilferufe drangen nach außen. Obwohl die Stimme ziemlich schrill klang, gehörte sie eher einem Mann. Leider konnte ihn niemand hören. Der Raum war leer und dunkel. Die große Wanduhr zeigte kurz nach halb sieben am Morgen.

Nun waren dumpfe Schläge zu hören, und die Pappe beulte sich von innen aus. Der Karton wackelte und kippte von der Palette. Ein Fuß drang durch den Deckel, gefolgt von einem Arm und einem zerzausten Haarschopf, als schlüpfe ein Küken aus einem kubischen Riesenei. Die Nylonschnur riss mit einem Knall, und eine Gestalt in schwarzem Trainingsanzug rollte aus dem Paket, bedeckt von Millionen weißer Styroporkügelchen. Sie klebten überall, in der Nase, auf der Zunge, sogar im Rachen. Der Mann hustete so heftig, dass er fast erstickte. Die Kügelchen hingen in langen Schleimfäden aus seinem Mund, er stützte sich auf die Knie, prustete und spuckte.

Dann richtete er sich auf, kniff die Augen zusammen und sah sich um. Er fluchte, ging zu seinem Paket zurück und wühlte im Styropor, bis er eine dicke Hornbrille fand. Er setzte sie auf und tastete sich bis zur nächsten Tür. Die Klinke war mit einem Besenstiel blockiert. Er nahm ihn weg, öffnete die Tür und blinzelte ins Tageslicht, das im nächsten Raum durch die Fenster schien.

»Oh, nein…«, stöhnte der Mann, der dem Recyclingkarton entstiegen war, rutschte auf ein paar zerstreuten DIN-A4-Blättern aus und stieß mit dem Schienbein gegen einen ergonomischen Bürostuhl. Verzweiflung stieg in ihm auf. Er befand sich in einer verwüsteten Bürolandschaft. Die Monitore waren eingeschlagen, Tische und Raumteiler umgestürzt, zertrümmerte Lampen hingen lose von der Decke. Auf dem Boden lagen die Einzelteile eines Laserdruckers, in den Gipswänden klafften große Löcher. Auf dem Teppichboden war ein großer, dunkler Fleck, vielleicht eine Blutlache. Eine dunkelrote Spur zog sich von dort bis zur Hintertür, als hätte jemand ein Tier geschlachtet und den Kadaver zum hinteren Aufzug geschleppt, der direkt in die Tiefgarage fuhr.

Da erblickte der Mann einen Wasserspender, der den Orkan offenbar unbeschadet überstanden hatte. Unter dem Logo der Firma *Eden Spring* prangte der Slogan »Steigere deine Kreativität!«. Doch aus dem Zapfhahn kam nur ein leises Zischen. Neben dem Wasserspender stand ein Getränkeautomat. Jemand hatte vergeblich versucht, ihn einzuschlagen; hinter dem zersplitterten Glas stand noch eine Dose Mineralwasser mit Waldbeerenaroma. Der Mann fand ein paar Münzen auf dem Boden, hob sie auf und steckte sie mit zitternden Händen in den Münzschlitz. Erst als er den Code für das Wasser eintippen wollte, sah er, dass das Display grau und leer wie der

Himmel vor dem Fenster war. Der Strom war im ganzen Büro abgestellt. Hustend humpelte er weiter zu einer Tür, auf der in großen Buchstaben »WC« stand. Dort konnte er endlich seinen Durst löschen. Gierig schluckte er das lauwarme, chlorige Leitungswasser. Dann wusch er sich das Gesicht und musterte ausgiebig sein Spiegelbild.

Der Mann war zwischen dreißig und vierzig. Die dicke Brille verbarg matte, tief liegende Augen mit bläulichen Ringen. Aus der bleichen, fast durchsichtigen Haut sprossen spärliche Bartstoppeln, das dunkelblonde Haar war fettig und verfilzt. Unter dem Trikot, das eher wie ein Schlafanzugoberteil aussah, zeichneten sich ein Paar schmächtige Arme und ein rundlicher Bauchansatz ab. Der Mann zog eine Grimasse und kratzte sich im Schritt. Erst da fiel ihm auf, dass er eine Windel trug. Fluchend riss er den nassen Fetzen vom Unterleib und warf ihn in den überfüllten Papierkorb. Er rümpfte die Nase, zog das Trikot aus und wusch sich unter den Armen und zwischen den Beinen. Der Seifenspender war leer.

Dann begab er sich wieder in die verwüstete Bürolandschaft, zog eine Schreibtischschublade auf und entnahm ihr eine Plastiktüte. Darin befanden sich ein Paar sorgfältig gefaltete Chinos, ein hellblaues Hemd und ein Jackett. Schweigend zog er sich an. Er schlüpfte in schwarze Wildlederclarks, riss einen Schnürsenkel ab und fluchte leise.

In den Überresten des Vorzimmers, das in modernen Büros gern »Lounge« genannt wird, plumpste der Mann aus dem Karton auf ein schmutziges Sofa. Er vergrub das Gesicht in den Händen und schniefte, aber er weinte nicht. Ein plötzliches »Pling« der Aufzüge riss ihn aus den Gedanken. Er erstarrte vor Schreck und lauschte angestrengt. Die Tür glitt auf, und auf dem Steg, der den

Lichthof überspannte, näherten sich Schritte. Glassplitter knirschten, jemand flüsterte.

»Hallo?« Die Stimme schien einem älteren Mann zu gehören. Sie waren gekommen, um ihn zu holen.

»Jens Jansen? Bist du hier?«

The pause that refreshes

Alles hatte mit einem Anruf begonnen. Das Klingeln war der Auslöser einer höchst merkwürdigen Kette von Ereignissen gewesen, die am Ende dazu führten, dass ein Mann in den besten Jahren sich verschnürt in einem Paket wiederfand. Es war kurz nach den Ferien, vor ungefähr drei Monaten. Das Telefon war von leeren Pappbechern umringt. Niemand antwortete.

Zu jener Zeit lebte Jens Jansen ein ganz normales Mittelklasseleben in Stockholm. Stinknormal, würden die meisten sagen. Er wohnte mit seiner Freundin Mari in einer Zweizimmerwohnung in der Västmannagatan. Er war Diplomkaufmann und leitender Angestellter in einer mittelgroßen Firma, die Sicherheitsausrüstung herstellte. Jens Jansen war Brand Manager des Markenzeichens Helm Tech, Hersteller schwedischer Fahrradhelme. Ein Brand Manager formuliert Ziele, Strategien und taktische Pläne für eine Produktlinie oder ein Markenzeichen. Diese leitet er weiter an den Brand Group Manager, der wiederum dem Marketing Director Bericht erstattet.

Im sechsten Stock des Infra Business Center, dem Herzen der anonymen Bürostadt Infra City, klingelte also das Telefon. Infra City bestand aus einem Einkaufszentrum und etlichen Bürokomplexen an der viel befahrenen Europastraße 4 zwischen Stockholm City und dem Flughafen Arlanda. Die Geschichte des Quartiers war so gut wie vergessen. In den frühen Neunzigern aus dem Boden gestampft, trug es zunächst den Namen GLG-Center nach dem Erbauer und Unternehmer Göran Lars Gullstedt, der damals vor allem für sein Jetset-Leben bekannt war. Es hieß, er sei mit dem König per Du. Gullstedt wollte selbst eine 600 Quadratmeter große Suite im 23. Stock des Tagungshotels mit der glänzenden Glasfassade beziehen, aber dazu kam es nie. Die schwedische Bankenkrise ruinierte ihn. 1993 erklärte ihn das Amtsgericht Eskilstuna für bankrott und zwang ihn, seinen gesamten Besitz der Bank zu überlassen, der er 1,2 Milliarden schuldete. Die neuen Besitzer tauften den Komplex in Infra City um. Große Werbetafeln in Blau und Orange versprachen eine hochtechnologische und globale Zukunft. Knapp zwei Jahrzehnte später waren sie mit einer dicken Schicht aus Ruß und Straßendreck bedeckt. Die tiefste Wirtschaftskrise seit den Dreißigerjahren hatte die Welt und Schweden getroffen. Von dem regen Geschäftsleben junger IT-Firmen, wie es die Immobilienmakler erwartet hatten, war nichts zu erkennen. Es gab ein paar verschlafene Filialen globaler Großkonzerne und Büros stagnierender Mittelstandsbetriebe aus kalten Branchen, doch die meisten Räume standen leer. Das Konferenzzentrum wurde nur genutzt, wenn der Stadtrat von Upplands Väsby dort Tagungen oder Kurse zu gesalzenen Preisen anbot. In dem Business-Hotel mit 236 Zimmern und Dallas-Fassade wohnten nur frustrierte Reisende, die ihre Heimflüge verpasst hatten. Sie betranken sich in der überdimensionalen Bar, baggerten einander an und hatten schlechten Sex in rabattierten Hotelbetten, den sie am nächsten Morgen zutiefst bereuten.

In dieser Umgebung hatte Jens Jansen die letzten neun Jahre seines Lebens verbracht.

Das Telefon war inzwischen verstummt. Es war totenstill, nur die Klimaanlage rauschte. Normalerweise füllten stetes Gemurmel, das Rasseln der Drucker und das Brummen der Kaffeeautomaten die Räume, doch nun senkte sich Stille über 1200 Quadratmeter Bürolandschaft.

Wenige Augenblicke später erklang leise ein Klavierstück, allgemein bekannt als Erkennungsmelodie eines großen Mobilfunkanbieters. Personen mit extrem gutem Gehör hätten das Signal in der Herrentoilette lokalisiert, genauer gesagt hinter der mittleren Tür. Nur der leichte Duft eines sportlichen Aftershave mit Zitrusnote verriet, dass sich gerade jemand dort aufgehalten hatte. Acqua di Giò war Jens Jansens Lieblingsduft. Feiner, weißer Asbeststaub bedeckte den Klodeckel, den Spiegel und das Waschbecken. Aus der Zwischendecke drang ein unterdrücktes Husten. Hätte jemand die Verkleidung angehoben und einen Blick in den niedrigen Zwischenraum geworfen, hätte er Jens Jansen entdeckt. Wie eine verschreckte, frisch entflohene Laborratte klammerte sich Helm Techs Brand Manager an einen Kabelkanal. Verzweifelt versuchte er, sein klimperndes Handy mit einer Hand abzustellen. Beinahe hätte er es verloren, doch schließlich fand er die richtige Taste, und das Signal verstummte.

Der Anruf, vor dem Jens Jansen über die Toilette bis in die Zwischendecke geflüchtet war, kam aus dem Erdgeschoss. Dort befanden sich die Kongresshalle und die Konferenzräume, die nach dem Buchstabieralphabet benannt waren. In Raum Delta saß Karl Frid, seines Zeichens geschäftsführender Direktor von Helm Tech, und drückte mit finsterer Miene einen Telefonhörer ans Ohr. Ihm gegenüber saßen Jens Jansens Kollegen. Einige tuschelten nervös, andere waren in ihre Smartphones vertieft oder starrten nur dumpf an die Decke. Ein externer Unternehmensberater wischte das Whiteboard sauber. Einmal mehr sollte die von Verlusten geplagte Firma umstrukturiert werden, und es bestand Anwesenheitspflicht für alle. Karl Frid hatte eindeutige Order gegeben, also wo zum Teufel steckte Jens Jansen?

Wassup?!

»War Jansen heute Morgen hier?«, fragte Karl Frid seine Angestellten.

»Wie bitte?«, fragte jemand.

Es war Stefan York, der Mann mit den Hasenzähnen und dem engen, weißen Trikothemd, unter dem aufgepumpte Bizepse schwollen. An einem Ohr trug er ein Bluetooth Headset. Er zog die Augenbrauen hoch, eine einstudierte Geste, die volle Aufmerksamkeit signalisieren sollte. Leider schmatzte er weiter auf seinem Kaugummi, weshalb er eher wie ein Biber aussah. Hätte man durch eine anonyme Umfrage den meistgehassten Kollegen ermittelt, hätte Stefan York sicher die meisten Stimmen bekommen. Nicht wegen des ständigen Wiederkäuens oder der vergeblichen Versuche, *good vibes* zu verbreiten, wie er es nannte, damit hätte man noch leben können, sondern weil er jeden Morgen keuchend ins Büro kam, mit Helm und Fahrradhose, die seine muskulösen, gebräunten Beine und sein stattliches Geschlechtsorgan betonte, und einen uralten Werbespot für amerikanisches Bier zitierte:

»Wassup?«

Seit Dezember 1999, als der Spot zum ersten Mal im amerikanischen Fernsehen lief, war dies sein Gruß. Das war zwei Jahre vor dem Einsturz der Zwillingstürme, als es noch keinen iPod gab und die Minidisk noch als

Speichermedium der Zukunft galt. Als noch niemand von Dokusoaps oder Facebook gehört hatte. Elf Jahre lang, jeden Tag, mit herausgestreckter Zunge:

»Wassup?«

Dann schaute er mit bebenden Nasenflügeln in die Runde, bis ein barmherziger Kollege, meist Jens Jansen, seufzend antwortete:

»Wassup, Stefan?«

So auch an jenem Tag, als Jens Jansen verschwand.

Karl Frid schaute verbissen drein und knallte den Hörer auf.

»Elisabeth, würden Sie bitte nach oben fahren und Jens Jansen holen? Vielen Dank.«

Hohe Absätze klapperten durch den Raum, und kurz geschorene Köpfe drehten sich, um den Hüftschwung und das eng anliegende Kleid von hinten zu bewundern. Die Männer sahen einander einvernehmlich an, nur um sich gleich wieder über die Displays ihrer Smartphones zu beugen. Vor zwanzig Jahren hätte man ihr asoziales Verhalten als erstes Anzeichen einer Psychose gewertet, heute jedoch hielt der in Infra City gängige Slang ein positives Wort dafür bereit: Multitasking.

Empowering People

Elisabeth Pukka nahm den gläsernen Aufzug in den sechsten Stock, um Jens Jansen zu suchen. Währenddessen malte der Betriebsberater mit rotem Stift ein großes Schriftzeichen an das Whiteboard. Er setzte eine feierliche Miene auf und drehte sich zu der Belegschaft um. »Wei Ji«, sagte er überdeutlich und zeigte auf die Tafel. »Das ist Chinesisch und bedeutet ›Krise‹.«

Müde Blicke trafen auf den gebräunten Mann, der die Ferien offensichtlich an einem sonnigeren Ort als alle anderen im Raum verbracht hatte. Sein Lächeln entblößte eine perfekt gebleichte Zahnreihe, er trug eine dicke Armbanduhr. Sein Hemd war faltenfrei gebügelt, sein Haar zurückgekämmt. Man sah auf den ersten Blick, dass dieser Mann kein bleicher Büroslave war. Und alle wussten, dass er sich dessen bewusst war. Der Berater klopfte mit dem Stift an die Tafel und lächelte entwaffnend. Dieselbe Prozedur hatte er etliche Hundert Mal in krisengeplagten Unternehmen durchgeführt, um hinterher den Personalabbau zu organisieren.

»Wei Ji ist aus zwei verschiedenen Zeichen zusammengesetzt, und jedes hat seine eigene Bedeutung«, sagte er ernst. »Das eine steht für Risiko, das andere für Chance.«

Hier legte er eine kalkulierte Kunstpause ein.

»Und genau so sollen Sie die Situation betrachten, in der wir uns befinden: als Chance.«

Karl Frid schluckte und grinste nervös. Ob der Berater wusste, dass er gerade einen im Geschäftsleben allgemein bekannten Wandermythos bestätigt hatte? Alle wussten, was Sache war. Wenn der Chef teure Berater einstellte, die mit gefakten fernöstlichen Weisheiten um sich warfen, standen Einsparungen und Stellenabbau bevor. Etliche Mitarbeiter würden ihre Jobs und Einkommen verlieren, und noch mehr überbelastete Immobilien würden auf dem sowieso schon labilen Wohnungsmarkt landen. Urlaubspläne würden platzen, Renovierungen aufgeschoben. Trotzdem würde in der Kaffeepause kein Einziger zugeben, dass ihm der Arsch auf Grundeis ging. Insgeheim wähnten sich manche am Abgrund zur Armut. Wie lange würden sie die Familie noch ernähren können? Was, wenn die Miete erhöht wird? Müssen wir das Haus verkaufen, und wie reagieren die Kinder, wenn man sie aus ihrem gewohnten Schulalltag reißt? Unruhe machte sich breit, doch der Berater hatte ein dickes Fell. Nach einem Exkurs zum Thema »positives Denken« (mit Verweis auf diverse indigene Völker und deren Lebensweisheiten) bot er individuelle Gespräche an. »Personal Business Planning in drei Schritten« nannte er die schicksalsschweren Unterredungen. Innerhalb von drei Monaten sollten die Angestellten von Helm Tech erfahren, ob sie gefeuert waren, während er selbst eine Rechnung von über einer Million an die dezimierte Buchhaltung schickte.

Im selben Moment, als der Betriebsberater die von Panik ergriffene Belegschaft zum Yoga-Sonnengruß animieren wollte, stieg Elisabeth Pukka im sechsten Stock aus dem Aufzug. Ihr Gesicht war kantig und jungenhaft, die Lippen schmal und blass. Nur die Augen waren stark geschminkt, und das rabenschwarze Haar war stramm zu einem Pferdeschwanz gebunden. Das Echo ihrer klappernden Absätze hallte durch den Lichthof, als sie über den Steg ging. Sie hielt ihre Magnetkarte vor den Türöffner, es summte, und sie trat ein. Der Teppichboden, der das Großraumbüro wie ein grauer, synthetischer Rasen bedeckte, dämpfte ihre Schritte. Vor dem Büromodul, das sie mit Jens Jansen und Stefan York teilte, blieb sie stehen. Eigentlich war es Helm Techs PR-Abteilung. Elisabeth runzelte die Stirn, als sie den Schreibtisch ihres Kollegen sah. Der Monitor war von bunten Post-it-Zetteln umrahmt. An der Trennwand hingen Entwürfe der kommenden Werbekampagne. Auf den Bildern waren zwei Eier zu sehen. Eines war zertrümmert, das andere trug einen Fahrradhelm. Der zugehörige Slogan lautete: »How do you want your head?« Elisabeth seufzte resigniert. Aus der Toilette drang ein Geräusch.

»Jens?«

Geschlechtertrennung auf der Toilette hatte sie noch nie gekümmert. In der Kneipe ging sie immer auf die Herrentoilette, weil sie keine Lust hatte, fürs Pinkeln Schlange zu stehen. Jedenfalls, wenn sie betrunken war. Das Leben war leichter in berauschtem Zustand, obwohl ihr das Risiko durchaus bewusst war, denn es gab Alkoholiker in der Familie. Deshalb zählte sie gewissenhaft ihre Drinks und ließ sich nie einladen. Spätestens nach dem vierten hörte sie auf. Jede Kneipentour wurde im Kalender vermerkt, das Limit lag bei einmal pro Woche. Doch so selten sie ausging, für die umständlichen Rituale auf der Damentoilette hatte sie kein Verständnis. Auch nicht dafür, dass es den Herren an der Pissrinne eventuell peinlich war, wenn eine Frau den stinkenden Raum betrat und ihre schlaffen Schniedel sah. Sie riss die Tür zur Personaltoilette auf und rief in melodiösem Finnlandschwedisch:

»Hier versteckst du dich also! Im Delta ist die Kacke am Dampfen. Es ist öffentliche Hinrichtung, und ALLE müssen kommen.«

Sie hielt ein und lauschte. War da nicht ein unterdrücktes Niesen und Schniefen zu hören? Zaghaft klopfte sie an die Tür der mittleren Zelle. Sie war nicht verschlossen.

»Jens? Bist du okay?«

Die Zelle war leer. Elisabeth sah sich verwirrt um und verließ die Herrentoilette. Die Tür knallte zu, und ihre Schritte hallten über den Korridor.

Because you're worth it

Draußen auf dem Parkplatz schüttelte der Wind die kleinen Bäume. In ihren Zweigen hingen verlassene Vogelnester und zerfetzte Plastiktüten. Ein Schwarm Dohlen plünderte die Mülltonne vor dem menschenleeren McDonald's. Die große Uhr an der Bürofassade zeigte abwechselnd Zeit und Temperatur. 21:12, 14 °C; 21:12, 14 °C; 21:13 und so weiter. Aus Helm Techs Hauptquartier fiel ein schmaler Lichtstrahl. Auf der Personaltoilette lugte ein strubbeliger Kopf durch den Türspalt.

Jens Jansen klopfte eine dicke Schicht weißen Staub aus den Kleidern und huschte geduckt zu seinem Schreibtisch. Er warf nervöse Blicke zur Tür und auf sein Handy. Drei entgangene Anrufe, zwei von Karl Frid und einer von seiner Freundin Mari. Genauer gesagt seiner Ex, denn sie wohnten nicht mehr zusammen. Er steckte das Handy wieder ein – es war viel zu kompliziert, um es am Telefon zu erklären. Als er sicher war, dass keiner mehr auf der Etage war, ging er in die Lounge und öffnete den Kühlschrank. Eine Packung Sauermilch, deren Haltbarkeitsdatum längst überschritten war, und zwei Dosen Falcon Export, die von einem Firmenfest übrig geblieben waren. Im Obstkorb lag eine braun gefleckte Banane. Er wühlte in der Hosentasche, fand zwei Kronenstücke, warf sie in den Kaffeeautomaten und zuckte zusammen, als das Mahlwerk laut dröhnend ansprang. Endlich pisste der

Automat die graubraune Ökobrühe in den Pappbecher und bedeckte sie zischend mit weißem Schaum.

Seine Jacke hing an der Garderobe beim Hinterausgang. Noch hätte er nach Hause fahren können, als wäre nichts geschehen. Karl Frid würde er sagen, er sei beim Zahnarzt gewesen. Er würde einen Rüffel einstecken und den Rest der Woche dem Krisenmanagement widmen. Mari war es längst egal, wo er steckte. Wahrscheinlich wollte sie nur wissen, ob ihre gemeinsame Wohnung endlich verkauft war. Nach zwölf Jahren hatten sich ihre Wege getrennt. Er schlürfte den Kaffee und betrachtete die dunkle Bürolandschaft. Die Module waren durch schalldämpfende Stellwände voneinander getrennt, an der Decke hingen lange Neonröhren. Bildschirmschoner malten psychedelische Muster auf die Monitore.

Ab 20 Uhr war die Eingangstür automatisch verriegelt. Nur mit Passierkarte und Code konnte man das Büro verlassen, ohne Alarm auszulösen. Jens Jansen blieb allein zurück, während die Sonne hinter dem Fichtenwald versank und der Abend in Nacht überging. Die Autolichter auf der E 4 formten ein weiß-rotes Perlenband am Horizont. Es mochte irrational erscheinen, in die Zwischendecke der Toilette zu kriechen, bloß weil der Chef anrief. Aber Jens Jansen hatte nichts dem Zufall überlassen. Unter seiner Nummer würde es keinen Anschluss mehr geben. Code ungültig, *Page not found*. Er würde verschwinden. Sich verstecken, bis keiner mehr nach ihm suchte. Er hatte einen Plan.

Ideas for life

Meist leitete Jens Jansen alle eingehenden Anrufe mit einem Knopfdruck auf Elisabeth Pukkas Telefon um. Keiner von der Geschäftsleitung wusste, dass sämtliche Arbeit der PR-Abteilung von der jungen Finnlandschwedin erledigt wurde. Stefan York war zweifellos ehrgeizig, doch seine himmelschreiende Inkompetenz blockierte jegliche Organisation. Genauer gesagt blockierte sie Elisabeth Pukka. Sie gab die Hoffnung nicht auf, eines Tages in der Hierarchie aufzusteigen. Aber weil niemand ihren Einsatz würdigte, arbeitete sie noch härter und wurde immer frustrierter.

In Jens Jansens Fall lagen die Dinge anders. Eine Beförderung war das Schlimmste, was er sich denken konnte. Geld war ihm egal. Er hatte jedes Interesse an teurer Heimelektronik, Einrichtung, Autos, Mode oder Musik verloren. Bier aus Mikrobrauereien und andere Lifestyle-Produkte, mit denen urbane Männer ihr Dasein versüßten, kümmerten ihn nicht. Er wollte keine Macht über andere Menschen haben. Macht bedeutete Verantwortung, und nichts war ihm unerträglicher als das. Und weil Elisabeth Pukka sich wie viele andere junge Frauen im Stillen totschuftete, fürchtete er, früher oder später für ihren Fleiß belohnt zu werden. Was für ein Albtraum! Bisher hatte er alle Umstrukturierungen unbeschadet überstanden. Mit leeren Floskeln und gespieltem Über-

eifer war es ihm gelungen, sich als idealer Abteilungslei-
ter zu verkaufen. Jemand, der die Erwartungen erfüllt,
aber nicht unbedingt für einen höheren Posten geeignet
ist. Es war ein heikler Balanceakt, doch die Personalbera-
ter verzweifelten regelmäßig an ihm.

»Meine Position in der Gruppe? Schwer zu sagen. Ich
bin ein Teamworker, der keine Angst davor hat, indivi-
duell zu arbeiten. Wer mich kennt, würde mich wohl als
äußerst flexibel beschreiben.«

»Flexibel?«

»Ja, Sie wissen schon. Ich passe mich an meine Umgebung an, sage aber auch meine Meinung. Ich habe eine
ausgesprochen fokussierte Ganzheitssicht.«

»Fokussierte Ganzheitssicht? Das klingt, äh… irgendwie widersprüchlich.«

»Stimmt. Darin liegt meine Stärke. Ich sage eine Sache,
meine aber etwas ganz anderes. Eine kristallklare Message.«

»Okay? Und was genau heißt das? Können Sie das
näher erläutern?«

»Ich bin ein leeres Blatt Papier. Sie füllen mich mit
Inhalt.«

»Wenn Sie Ihr berufliches Engagement im letzten Jahr
auf einer Skala von eins bis zehn bewerten müssten, wie
viele Punkte würden Sie sich geben?«

Zahlen waren gefährlich, fand Jens Jansen. Bewertete
er sich zu hoch, bestand das Risiko, dass man ihm genü-
gend Selbstbewusstsein für einen höheren Posten unter-
stellte. Bewertete er sich zu niedrig, konnte der Eindruck
entstehen, er sei gelangweilt und unterfordert und brau-
che neue Herausforderungen. Er musste sicherstellen,
dass er Brand Manager bleiben und seine Arbeitszeit weiterhin dem Nichtstun widmen durfte.

»Hmmm. Ich würde sagen sechs. Oder vielleicht sieben? Nein, sechs passt besser. Ich glaube, dass ich mein Potenzial als Brand Manager noch nicht voll ausgeschöpft habe.«

Die Personalberaterin hatte genickt und etwas auf ihrem Block angekreuzt. Er war noch einmal davongekommen. Um ein Haar hätten sie ihm den Job als Group Manager angeboten und ihn direkt Karl Frid unterstellt. Puh! Doch es war nur eine Frage der Zeit, bis sie ihn zwangsbefördern würden. Als er dann an jenem Augustmorgen, direkt nach dem Urlaub, die adrette Personalberaterin mit dem zurückgekämmten Haar und der Aktenmappe unterm Arm in Gesellschaft von Karl Frid ins Büro kommen sah, wusste er, dass es so weit war. Diesmal würde er nicht entkommen. Elisabeth Pukka würde mit größter Wahrscheinlichkeit gefeuert werden. Ebenso gut hätte man den Motor aus einem Auto herausschrauben können, aber davon hatten die Männer in der Firmenleitung keine Ahnung. Sie waren blind für alles, was die junge Frau aufgebaut hatte (nicht jedoch für ihren knackigen Hintern). Jens Jansen wäre gezwungen, Pukkas enorme Arbeitslast zu übernehmen, was unweigerlich zur Katastrophe führen würde. Während er mit anderen Abteilungsleitern im Golfsimulator des Einkaufszentrums Abschläge geübt oder sich in der Toilette eingeschlossen und mit seinem Smartphone gespielt hatte, hatte Pukka auf eigene Faust ihre Arbeit umorganisiert und effektiviert. Alles nach irgendeinem modernen System, das Jens Jansen nicht vorhatte zu lernen.

Und während alle Kollegen sich im Konferenzsaal Delta versammelten, saß er allein in dem menschenleeren Büro und ignorierte das wütende Signal des Telefons. Durch das Panoramafenster zum Lichthof sah er den gläsernen Aufzug wie eine Seifenblase aufsteigen. Sie kamen, um ihn zu holen. Er war ein zum Tode Verurteilter kurz vor der Injektion des Nervengifts. In diesem Moment fasste er den endgültigen Entschluss. Es war Zeit, seinen Plan in die Tat umzusetzen und diese Welt zu verlassen. Als Elisabeths Absätze über den Steg klapperten, flüchtete er in die Toilette, und als der Teppichboden ihre Schritte dämpfte, stieg er auf die Kloschüssel, hob eine Platte aus der Deckenverkleidung und machte einen Klimmzug. Seitdem war er verschwunden.

Das Ganze dauerte nur wenige Sekunden. Welche Grenze hatte er in diesem Augenblick überschritten? Galt er nun offiziell als verrückt? Hatte er den ersten Schritt in eine psychische Krankheit getan? Jens Jansen hatte keine Ahnung. Vielleicht war seine Reaktion auch völlig normal. War nicht in Wirklichkeit seine Umgebung krank? Eins war sicher: An einen Verschwundenen konnte man keinerlei Ansprüche stellen. Und das war letztendlich alles, was er wollte.

Setting the standards

Es ging auf Mitternacht zu. Jens Jansen saß noch immer regungslos auf dem Sofa der Lounge. Die Dioden des Kaffeeautomaten blinkten in der Dunkelheit. Am anderen Ende der Bürolandschaft rasselte ein Fax. Was war er für ein Mensch, der sein Leben einfach aufgab? Wer verlässt schon Freunde, Familie und Karriere, um nachts in einem anonymen Bürogebäude neben einer Autobahn herumzusitzen? Jens Jansen hatte keine bessere Erklärung als die unendliche Gleichgültigkeit, die ihn seit Jahren beschlichen und nach und nach jede Zelle seines Körpers ergriffen hatte. Dabei war er keineswegs unzufrieden oder verbittert. Er hatte bloß den Glauben an ein System verloren, in dem er nichts als ein kleines, unbedeutendes Rädchen war. Sterben wollte er auch nicht. Nein, er wollte nur nicht länger repräsentativ und konkurrenzstark sein, kein Winner, kein Ellbogentyp. Jens Jansen wollte einfach nur sein. Wenige Tage nach dem kurzen Sommerurlaub war das Unbehagen an der Lohnarbeit akut geworden, als hätte er eine Allergie entwickelt. Obwohl er eine Tasse nach der anderen aus dem geleasten Kaffeeautomaten zog, schien er nie richtig wach zu werden. Die bürokratischen Aufgaben, die er als leitender Angestellter eines mittelgroßen Exportunternehmens zu erfüllen hatte, machten ihn krank. Seine Augen brannten schon, wenn er nur die Fanfare hörte, die beim Hochfahren des Computers erklang, und der Anblick des Bildschirms ließ seinen Kopf wie ferngelenkt auf die Tischplatte sinken.

Er vereinsamte zusehends in einer Umgebung, wo alle für ihre Arbeit brannten oder zumindest so taten. Die Latte hing hoch bei seinen Kollegen, alle strebten nach mehr Verantwortung und höherem Lohn. Jens Jansens Latte hing so tief wie möglich. Sein Ziel war die Nullleistung oder schlimmstenfalls ein halbherziger, mittelmäßiger Einsatz. Im Gegensatz zu Stefan York und Elisabeth Pukka wollte er übersehen werden. Seine Antwort auf den allgegenwärtigen Slogan *Just do it* hieß »Lieber nicht«. Wäre Jens Jansen ein Turnschuh gewesen, hätte sein Werbespruch *Impossible is everything* gelautet. Er war jedoch eher ein Pantoffel. Und wie ein Alkoholiker seine Sucht zu verbergen sucht, verbarg Jens Jansen seinen Motivationsmangel. Den grafitgrauen Anzug, die hellblauen Hemden und Pikeepullover trug er nur zur Tarnung. Die Mappen, die er unablässig durch das Großraumbüro trug, waren mit leeren Blättern gefüllt, und das Handy, das er ans Ohr drückte, stand auf Flugmodus. Sein zielstrebiger Schritt war einstudiert und sollte ihn vor der Einmischung anderer bewahren. In Wirklichkeit hatte er kein Ziel und lief stets dieselbe Schleife vom Schreibtisch zum Drucker in der Ecke, den Postfächern und dem Kaffeeautomaten in der Lounge. Wenn man genau hinsah, konnte man einen Trampelpfad im Teppichboden erkennen. Einmal hatte er sogar bei einer Zeitarbeitsagentur Personal angeheuert, um ein Kundengespräch vorzutäuschen. Ein paar verwirrte IT-Berater hatten zwei Stunden lang mit ihm im Konferenzraum Foxtrott gesessen, Mineralwasser getrunken und auf eine völlig sinnfreie PowerPoint-Präsentation gestarrt. Auf die

Frage, was die seltsamen Grafiken bedeuteten, hatte er mit den Schultern gezuckt.

»Was immer Sie wollen.«

»Aber was?«

»Vielleicht, wie lange es dauert, bis der Geschmack aus einem Hubba Bubba gewichen ist. Oder wie lange eine Eule zu verschiedenen Jahreszeiten schläft. Sie bestimmen das Muster.«

Die Systemadministratoren hatten gedankenvoll genickt und weiter auf das Whiteboard gestarrt. Nach langem Schweigen hatte Jens Jansen gefragt:

»Wie wäre es mit einer kleinen Verschnaufpause?«

Choose freedom

Jens Jansen hatte niemanden in seinen Plan eingeweiht. Weder die Exfreundin noch den Vater. Weder Freunde noch Kollegen. Er wollte nicht einer jener siebentausend Menschen sein, die jährlich in Schweden verschwanden, nein. Er wollte einer der dreißig sein, die nie wiederkehrten. Dies hatte gründliche Vorbereitung erfordert. Totales Verschwinden war komplizierter, als er gedacht hatte. Sobald ihn jemand – wahrscheinlich Mari – als vermisst meldete, würden die Behörden eine gründliche Untersuchung einleiten. Die Polizei würde Bekannte, Verwandte und Freunde befragen. Sie würden seine Gewohnheiten, sein Verhalten und sein soziales Netzwerk gründlichst abklopfen und seine Psyche analysieren. So würde ein Profil entstehen, das man mit Datenbanken aus aller Welt vergleichen konnte. Die Methode hieß Managing Search Operations (MSO) und beruhte auf mathematischer Wahrscheinlichkeit. Der Statistik zufolge tauchten die meisten Verschwundenen nach einer Weile wieder auf. Oft waren sie nur verreist, ohne Angehörige oder Kollegen zu informieren. Als Erstes würden sie die Passagierlisten und Sicherheitssysteme sämtlicher Flughäfen im Umkreis checken. Um auf einem Flughafen wie Arlanda anonym zu bleiben, brauchte man heutzutage mehr als eine falsche Identität. Nur mithilfe plastischer Chirurgie konnte man moderne Gesichterkennungsprogramme umgehen. Dazu hatte er keine Lust. Jedenfalls noch nicht. Leider ähnelte auch der Rest der Welt immer mehr den reinen, gut überwachten und mit Reklame gespickten Terminals internationaler Flughäfen. Kaufhäuser, U-Bahnsteige, Bankautomaten, Busse, Straßen und Plätze standen unter Dauerbewachung. Allein in Stockholm gab es 55 000 Überwachungskameras. Mit anderen Worten: Seinen Nissan Micra konnte er vergessen. Er hatte ihn in der Sandfjärdsgatan im Vorort Årsta abgestellt, wo seine Mutter einmal gewohnt hatte. Die Straße wurde im Sommer nicht gereinigt, dort könnte der Wagen lange unbemerkt stehen. Bis zum Tag null benutzte er öffentliche Verkehrsmittel. Erst nahm er den Pendelzug nach Rotebro, von dort die Linie 560 nach Infra City. Die Fahrt dauerte fast eine Stunde. Aber so war es viel schwieriger, Ort und Zeit seines Verschwindens zu bestimmen, als wenn sein Auto auf dem Parkplatz stünde. Er hatte jede Menge altmodische Streifenkarten gekauft, da die neuen Magnetkarten seine Reisegewohnheiten verraten könnten. Außerdem achtete er darauf, dass er nur zur Rush Hour unterwegs war und sein Gesicht unter einer Baseballmütze vor den Kameras verbarg. Selbst in den Wald zu fliehen, wäre zwecklos. Polizeihunde, Infrarotkameras und Drohnen würden ihn innerhalb weniger Tage aufspüren. Und wenn er ein Boot stahl und übers Meer flüchtete, würde ihn das sogenannte Schengenradar erfassen, das seit ein paar Jahren jeden Millimeter der schwedischen Küste überwachte. Deshalb war er zu dem Schluss gekommen, dass sein Arbeitsplatz das beste Versteck war.

Zum Betreten und Verlassen des Gebäudes brauchten die Angestellten von Helm Tech eine Schlüsselkarte. Auch daran hatte Jens Jansen gedacht. Er hatte seine

Karte mit der des stets untadelig gekämmten Kollegen Gunnar Lidén getauscht, als dieser sie ausnahmsweise einmal auf seinem pedantisch aufgeräumten Schreibtisch vergessen hatte. Damit es nicht auffiel, hatte er seine Arbeitszeiten an die des steifen, zugeschnürten und unverschämt pünktlichen Bürosklaven angepasst. Dass man das Büro nicht verlassen konnte, ohne Spuren im Sicherheitssystem zu hinterlassen, war ein weiterer Grund für die Entscheidung, dort zu bleiben. Außerdem konnte er sich auf die geistige Abwesenheit seiner Kollegen verlassen. Es gab keinen, der sich nicht während der Arbeitszeit irgendwo andershin träumte. Sie suchten nach den billigsten Pauschalreisen und klickten Bilder von smaragdgrünen Hotelpools an, blätterten in Automobilbroschüren und träumten vom Duft der Ledersitze in einem nagelneuen BMW. Sie schlossen sich auf der Toilette ein und surften mit ihren iPads auf Pornoseiten. Die vielen kleinen Fluchten gehörten zur Überlebensstrategie im modernen Büroalltag. Diese Tagträumer würden es niemals bemerken, dass Essen verschwand oder Möbel über Nacht umgestellt worden waren. Darüber hinaus war das Büro bestimmt der letzte Ort, an dem sie nach ihm suchen würden. Wer war schon so dumm, sich an seinem Arbeitsplatz zu verstecken? Deshalb, glaubte Jens Jansen, hatte er das perfekte Versteck gefunden.

Am Abend war Infra City menschenleer. Jens Jansen würde ungestört in Helm Techs Büroräumen leben können. Er hatte ein Dach über dem Kopf, und es gab etwas zu essen: Gorbys Piroggen im Automat in der Lounge, sicher das eine oder andere übrig gebliebene Konferenzschnittchen und die Obstkörbe, die einmal pro Woche aufgefüllt wurden. Was er mit dem Meer an Zeit anfangen würde, das er plötzlich zur Verfügung hatte, wusste er nicht. Noch nicht. Nachts würde er barfuß über den Teppichboden spazieren und die neue Freiheit genießen. Er würde keinen Gedanken mehr an den Produktivitätszwang der Firmenleitung verschwenden. Er würde auf Rechnungen, Darlehen und Abonnements mit vierundzwanzigmonatiger Vertragsbindung scheißen. Auf verkrampfte Pärchenabende, Fernsehserien und die Wochenendausflüge in Möbelhäuser, die in den letzten Jahren zu einer ihrer liebsten Freizeitbeschäftigungen geworden waren. Aber was war mit dem Sex? Der war ihm längst egal.

Be all that you can be

Manchmal, morgens unter der Dusche, zupfte und knetete er an seinem schlaffen Penis herum, um zu sehen, ob es noch funktionierte mit der Lust. Vor seinem inneren Auge spulte er die heißesten Szenen aus den unzähligen Pornos ab, die er während der Messen und Konferenzen in tristen Hotelzimmern angeschaut hatte, die er als Brand Manager einer exportorientierten Firma besuchen musste. Sein Schwanz blieb schlaff hängen wie ein lebloses Stück Fleisch.

Es war vorbei mit den Trieben, die körperliche Liebe war ihm unbegreiflich geworden. Schlüpfrig, mühsam, sinnlos. Wie lange er und Mari nicht mehr miteinander geschlafen hatten, wusste er nicht, aber es waren viele Monate oder gar Jahre. Vor langer Zeit, als Mari ihr gemeinsames Sexleben noch wichtiger war als Wohnungseinrichtungen und soziale Medien, hatte sie eine befreundete Ärztin überredet, ihm Viagra zu verschreiben. Widerwillig hatte Jens Jansen die blaue Pille mit der Aufschrift VGR 100 geschluckt. Mari hatte Vanilleduftkerzen angezündet und die Filmmusik zu *Im Rausch der Tiefe* aufgelegt, genau wie damals bei ihrem ersten Date. Sein Penis fühlte sich seltsam abgekoppelt an, wie eine durchblutete Prothese aus Schwellkörpern. Eine externe Fachkraft, die einen Job erledigte, den der Chef nicht selbst bewältigte. Während Mari auf ihm ritt, starrte er an die

Decke und fühlte sich immer unwirklicher. Er war nicht mehr anwesend, wie auf dem Klassenfoto in der Neunten. Mari bewegte sich schneller. Ihre Augen waren geschlossen, sie leckte ihre Finger und massierte ihre Klitoris. Sie war so selbstvergessen, dass sie gar nicht mitbekam, welche Grimassen sie dabei schnitt.

Früher hatten sie es oft miteinander getrieben, überall und ständig. Auf dem Badelaken mit dem Garfield-Motiv. Auf tannenduftigen Rastplätzen in Norrland. Auf dem zurückgeklappten Vordersitz von Maris hellblauem Volvo 240, während die Kette am Rückspiegel im Takt klapperte. Sogar auf stinkenden Kneipenklos oder in angehaltenen Fahrstühlen hatten sie es getrieben. Dabei hatten sie immer viel gelacht. Heute hingegen musste die Chemie für Geilheit sorgen.

Jens Jansen versuchte sich an sein sexuelles Erwachen zu erinnern. Es war im Winter geschehen, vor einer drei Meter hohen Reklametafel mit dem amerikanischen Model Anna Nicole Smith. Sie lag auf dem Rücken, die Beine in die Luft gestreckt, und hatte den Zeigefinger zwischen die rot glänzenden Lippen geschoben. Ihre üppigen Kurven steckten in einem H&M-Torselett für nur 198 Kronen. Dem jungen Jens Jansen wurde ganz schwindlig. Im Sommer darauf lernte er in einem Camp für Optimistensegler Frida, seine erste Liebe, kennen. Sie hatte große, mit schwarzer Wimperntusche umrandete Augen, und der Stoff des weiten weißen Herrenhemdes spannte über ihren Brüsten, deren Anblick ihm Schmerzen bereitete. Wenn sie zusammen in ihrem Bett lagen, öffnete sie langsam die Knöpfe und ließ ihn gucken, aber anfassen durfte er sie nicht. Die prallen Brustwarzen seien zu empfindlich, sagte sie. Einen Sommer lang waren sie zusammen, dann zog ihre Familie nach Hawaii.

Verdammt lang her, dachte Jens Jansen, während ihn Maris immer rascheres Juckeln in den Schlaf wiegte. Als er wieder wach wurde, lag sie weinend neben ihm. Sein Penis war noch immer hart erigiert und blieb es bis zum nächsten Morgen, was äußerst unbehaglich war. Seit jener Nacht hatten sie nicht mehr miteinander geschlafen.

We're moving beyond documents

Der Akku in Jens Jansens Handy war noch 69 Prozent aufgeladen. Es würde ungefähr zwei Tage dauern, bis er den Geist aufgab. Er stellte Ton und Vibration ab, versah das Telefon mit einem gelben Post-it-Zettel und steckte es in eine gepolsterte Versandtasche ohne Absender. Auf dem Zettel stand »Danke fürs Ausleihen«. Mochte der Empfänger damit anfangen, was er wollte. Kebnekaise Fjällstation, 1300 Kilometer von Stockholm. Spätestens bei Abisko wäre der Akku leer, hatte er ausgerechnet. Falls die Polizei versuchte, sein Handy zu orten, würde die Spur sich irgendwo in Lappland verlieren. Der Hüttenwirt würde das Telefon in eine Schublade legen und vergessen, hoffte er, oder es an die Hauptpost in Stockholm zurückschicken. Selbst wenn die Polizei es zufällig fand, wäre die Spur irreführend. Jens Jansen frankierte den Umschlag und legte ihn zuunterst in das Fach für ausgehende Post.

Er öffnete die unterste Schublade seines Aktenschranks, wo er die Campingausrüstung versteckt hatte. Vor Kurzem hatte er ein Zelt, Merino-Unterwäsche, eine Stirnlampe und vieles mehr gekauft. Bezahlt hatte er mit Kreditkarte, um eine weitere Spur zu legen, die auf eine vermeintliche Bergtour hinwies. Er zog die Bürokleidung aus, stopfte sie in eine Plastiktüte und schlüpfte in das enge, schwarze Trikot. Vor dem Garderobenspiegel probierte er die Skimaske an. Mit Brille war das suboptimal, aber das ließ sich nicht ändern. Jens Jansen vollführte ein paar eher unbeholfene Karateschläge und -tritte vor dem Spiegel. Dann sprang er mit leichten, ballettartigen Schritten durch die Bürolandschaft. Er war erstaunt, wie leise man sich auf Strümpfen fortbewegte.

Als es auf drei Uhr zuging, holte er das Zelt und begab sich in den alten Serverraum, der nun Abstellkammer war. Zwischen ausgedienten Bürostühlen und altmodischen Monitoren quetschte er sich bis in die hintere Ecke, wo er ein überfülltes Regal von der Wand rückte und sich so einen zwei Quadratmeter großen, vor Blicken geschützten Lagerplatz einrichtete. Dort schlug er das gelbe Kuppelzelt auf. Er blies die Luftmatratze auf, rollte den Schlafsack aus und kuschelte sich in die Daunen. Eine Weile starrte er mit leerem Blick an die Zeltdecke.

»Es wäre besser, wenn es mich nicht gäbe«, sagte er laut, ohne jede Spur von Bitterkeit oder Selbstmitleid. Im Gegenteil, seine Worte drückten eine Art Optimismus aus – ein Gefühl, das Jens Jansen fast schon vergessen hatte. Er kicherte und seufzte erleichtert. Dann schaltete er die Stirnlampe aus und schlief auf der Stelle ein.

The makeup of makeup artists

Auf seine Art und Weise war Jens Jansen schon verschwunden gewesen, bevor er seinen Plan tatsächlich umsetzte. Helm Techs Brand Manager hatte systematisch dafür gesorgt, dass sein Name nirgendwo anders als auf der Lohnabrechnung zu finden war. Für Außenstehende war es unmöglich, ihn zu erreichen. Es mag paradox klingen, da er schließlich für die Kommunikation der Firma mit der Außenwelt zuständig war, aber sein leerer Bürostuhl war faktisch kommunikativer als er. Zum Beispiel wenn der Verkaufsleiter einer großen Sportwarenkette nachfragte, wie er die Produkte von Helm Tech den Kunden präsentieren sollte. Oder wenn die Sekretärin der Werbeagentur, die Helm Techs Warenkatalog produzierte, wissen wollte, warum die vier Monate alte Rechnung noch nicht beglichen sei. Oder wenn eine Sportzeitschrift Kinderhelme für einen Warentest benötigte. Die Antwort war immer die gleiche.

Mail: Subject*: Out of office reply*
Jens Jansen is currently out of the office. For urgent requests, please call Helm Tech's main switchboard at 08-567 00 00.

Telefon: In irgendeiner nordschwedischen Schaltzentrale saß ein ahnungsloser Vermittler und leitete jeden Anruf an Jens Jansens Handynummer weiter.

Handy: Nach kurzer Zeit schaltete sich die Mailbox ein, und der Anrufer hörte Jens Jansens Stimme: »Hi, you have reached Jens Jansen at Helm Tech. Please leave a message after the beep.«

Facebook: Helm Techs Fanpage verzeichnete 49 Fans, die alle irgendwie mit der Firma verbunden waren. Ein Spambot hatte die Seite gekapert und mit Links gespickt, die zu Videos wie »Wow, this bitch got an orgasm from an amusement park ride!« führten. Ansonsten keine Aktivität in den letzten acht Monaten.

Twitter: Registriertes Konto. 30000 gekaufte Freunde. Keine Aktivität seit Januar 2010.

Briefe: Türmten sich ungeöffnet auf Jens Jansens Schreibtisch, ehe sie am Monatsende im Altpapier landeten.

Persönliches Treffen: Kein Besucher ohne Passierkarte kam an der Rezeptionistin im Erdgeschoss vorbei. Nach einem kurzen Anruf im sechsten Stock bekam er die Mitteilung, dass Jens Jansen nicht an seinem Arbeitsplatz sei. Wer hier noch nicht aufgab, konnte höchstens einen von Jens Jansens Kollegen beauftragen, nach diesem zu suchen. Natürlich saß der Gesuchte wie immer in seinem Büromodul und starrte mit leerem Blick auf den ebenso leeren Bildschirm. Wenn der Kollege es schaffte, sich unbemerkt anzuschleichen und der leblosen Hülle des Brand Managers auf die Schulter zu tippen, war das Resultat eine spastische Zuckung, gefolgt von einem nichtssagenden Gesichtsausdruck. »Hallo, wie geht's?« Bald ging dem Kollegen auf, dass dieser Gruß nicht an ihn gerichtet war, sondern an jemanden am anderen Ende der Leitung. Jens Jansen deutete entschuldigend auf sein Headset und redete weiter mit der toten Leitung. Dann stand er auf, verließ den Raum und kam nicht zurück, während der Besucher an der Rezeption versauerte.

Fax: Direkt ins Altpapier.

Never stop exploring

Nach der ersten Nacht als Verschwundener wachte Jens Jansen davon auf, dass die Luft im Zelt zum Schneiden war und nach Furz roch. Der Schlafsack war nass geschwitzt. Er tastete nach der Stirnlampe, setzte sie auf und streckte den Kopf aus der Zeltöffnung. Der Abstellraum hatte kein Fenster, nur unter der Tür zum Büro schimmerte ein schmaler Lichtstreifen. Während seiner neun Jahre in der Firma hatte er nie gesehen, dass jemand die Tür geöffnet hatte, die von außen halb von einer Yuccapalme verdeckt war.

»Wie spät ist es?«, murmelte Jens Jansen, ehe ihm einfiel, dass er keine Möglichkeit hatte, diese Frage zu beantworten. Das Handy hatte er verschickt, und eine Armbanduhr trug er seit der Mittelstufe nicht mehr. Damals war er fürchterlich stolz auf eine japanische Taucheruhr gewesen, die jede Stunde laut piepte und bis zu vierhundert Metern Tiefe wasserdicht war. Als sie nach einem Besuch im Schwimmbad kaputt war, fühlte Jens sich betrogen. Das Becken war schließlich nur 2,45 Meter tief gewesen, und er war nicht einmal bis zum Boden gekommen. Seitdem hatte er allen Armbanduhren abgeschworen.

Jens Jansen stand im Dunkeln und lauschte seinen eigenen Atemzügen. Die Stirnlampe erleuchtete Stapel von DIN-A4-Blättern, ein altes Faxgerät, linierte Collegeblöcke, Schachteln mit schwarzen Kugelschreibern und reihenweise leere Ordner. Plötzlich hörte er Schritte und zuckte zusammen. Dem Klappern nach zu urteilen, war es Elisabeth Pukka. Sie ging an der Tür vorbei, wahrscheinlich auf dem Weg zur Toilette. Ein süßlicher Duft zog durch den Türspalt. Wie konnte sich eine erwachsene Frau nur mit einem Parfüm besprühen, das nach Britney Spears benannt war?

Jens Jansens Magen zog sich zusammen und produzierte ein deutlich vernehmbares Knurren. Seine Zunge klebte am Gaumen. Er verfluchte sich selbst, weil er eingeschlafen war, ohne an Essen und Trinken zu denken. Er schlich zur Tür, die ihn von der Außenwelt trennte, und lauschte. Eine gedämpfte Mischung aus Stimmen und Klingeltönen und plötzlich ein joviales »Wassup?«. Wenn Stefan York im Büro eintraf, musste es kurz vor neun sein, schloss Jens Jansen. Er seufzte, tastete sich zum Zelt zurück und ließ sich auf die Luftmatratze fallen.

»Wir haben Hunger, Hunger, Hunger…«, sang er leise vor sich hin, doch plötzlich hielt er inne. »Fange ich jetzt schon an, mit mir selbst zu reden? Mein Gott!«

Was noch schlimmer war: Der Darm drückte ihn. Sehr. Sein Verdauungssystem tendierte in Stresssituationen zu verstärkter Aktivität. Er krümmte sich, überlegte und sah sich um. Der Lichtkegel der Stirnlampe traf auf einen Karton mit löchrigen Plastiktüten im A4-Format. Er zog eine Tüte heraus und untersuchte sie. Dann zog er die Hose herunter, ging in die Hocke und hielt das undichte, knisternde Gefäß unter sich. Seine Augen quollen hervor, seine Schläfen klopften. Jens Jansen stöhnte frustriert.

»Nein, das ist keine gute Idee. Ich muss eine andere Lösung finden.«

Hätte einer der Angestellten im Großraumbüro von Helm Tech an jenem Vormittag vom Bildschirm aufgeschaut und den Blick an die Decke gerichtet, er hätte Merkwürdiges beobachten können. Die Deckenverkleidung bog sich unter dem Gewicht von etwas oder jemandem, das oder der sich langsam in der Zwischendecke vorwärtshangelte. Die Lampen schwankten wie bei einem kleinen Erdbeben. Der Office Manager Gunnar Lidén reagierte unbewusst auf ein Geräusch über seinem Kopf. Er drehte sich um, zuckte mit den Schultern und wendete sich wieder pflichtbewusst der Arbeit zu. In dem engen Hohlraum zwischen Betondecke und schalldämpfender Verkleidung hangelte sich Jens Jansen an aluminiumverkleideten Rohren und einem laut knackenden Kabelkanal entlang. Sein Entschluss, auf diesem Weg die Toilette zu erreichen, war vielleicht nicht 100 Prozent rational, aber Jens Jansens Verhältnis zum »großen Geschäft«, wie seine selige Mutter den Verdauungsprozess nannte, war nie rational gewesen. Immer wenn keine Toilette in unmittelbarer Reichweite war – auf Reisen, in der Kirche, bei endlosen Vorlesungen oder Sitzungen –, wurde ihm schmerzlich bewusst, wie sehr sein Darm rumorte. Im Grunde war das große Geschäft mit schuld daran, dass die Beziehung zu Mari in die Brüche gegangen war. Nachdem die Sache mit dem Potenzmittel fehlgeschlagen war, hatte er in einem letzten, verzweifelten Versuch einen Termin für eine Paartherapie gemacht. Jens Jansen hätte die kommunale Eheberatung gereicht, aber Mari bestand auf einem Privattherapeuten. Als sie dann vor dem Messingschild mit dem Namen »Darma-Institut« standen, kicherten sie nervös. Es war aufregend, fast wie beim ersten Date. Maris Wangen waren rosig vor Erwartung. Jens Jansen fiel auf, wie gut ihr der Trenchcoat und der lockige Pferdeschwanz standen. Die mädchenhaften Grübchen und der Schmollmund, in die er sich einmal

43

verliebt hatte, waren trotz aller Schminke und Selbstbeherrschung geblieben, und ihr Lachen klang schön. Die charmante Lücke zwischen den Schneidezähnen ließ sich auch nicht überschminken. Nach der Sitzung jedoch konstatierte er, dass die kurz aufflammende Euphorie wie die Glut von Maris Zigarette war, die sie auf den nassen Asphalt schnippte. Übrig blieb nichts als Rauch. Gleich zu Beginn der Sitzung, als sie gerade in den Designersesseln Platz genommen hatten, entschuldigte Jens Jansen sich, weil er auf die Toilette musste. Mari warf ihm einen bösen Blick zu.

»Jens, nicht jetzt!«

»Aber ich muss mal.«

»Wir haben doch nur eine halbe Stunde.«

»Aber ich muss. Das ist ein Notfall.«

»Genug, Jens. Du musst ständig aufs Klo. Hättest du nicht vorher gehen können?«

Der Therapeut, ein Mann mittleren Alters, lächelte verständnisvoll und erklärte Jens den Weg zur Toilette. Als Jens zurückkam, drehte sich das Gespräch nur noch um seine Verdauung. Mari wurde immer stiller. Sie zog die Beine an, stützte den Kopf auf die Knie und starrte resigniert auf die achtarmige Figur, die im auffallend leeren Bücherregal des Therapeuten stand.

Der ständige Stuhldrang kam vermutlich von einem Verlusttrauma in der Kindheit, mutmaßte der Therapeut, während Mari geistesabwesend mit einem losen Faden an ihrem Pullover spielte. Jens Jansen bekam nie die Chance, die Ursache genauer zu erforschen. Schweigend verließen sie die Praxis und stapften durch den Regen. Mari ging mit gesenktem Kopf voraus und ballte die Fäuste in den Manteltaschen.

Es war vorbei. Weder Viagra noch Paarberatung konnten die Beziehung retten. Was bestehen blieb, war Jens Jansens zwanghaftes Verhältnis zu Toiletten. Selbst wenn er im Dunkeln durch Asbeststaub und Spinnweben kriechen musste und jederzeit durch die Decke krachen und auf dem Schreibtisch eines Kollegen landen konnte, er *musste* zum nächsten funktionstüchtigen WC! Der Stahl der Deckenkonstruktion schnitt ihm in die Knie; von unten drang gedämpfter Lärm. Jemand hustete, und Jens Jansen hielt erschrocken inne. Nach einer halben Ewigkeit stieß er mit dem Kopf gegen eine Betonwand. Er hatte die andere Seite des Büros erreicht. Nun musste er nur noch die Abflussrohre finden. Nass geschwitzt folgte er dem Rauschen in den Rohren, bis er über den Toiletten war. Jemand spülte und verließ den Raum, ohne die Hände zu waschen, also befand er sich wahrscheinlich über der Herrentoilette. Vorsichtig hob er eine Platte an und linste in eine weiß gekachelte Zelle, die in grelles Neonlicht getaucht war und nach künstlichem Limonenduft roch. Er lauschte, um sicherzugehen, dass er allein war. Dann hob er die Platte ab und legte sie neben sich. Er setzte sich an den Rand und streckte die Beine durch das Loch. Dann ließ er sich langsam herab, bis seine Zehenspitzen den Klodeckel touchierten, der mit einem lauten Knall zufiel. Im selben Moment öffnete jemand die Außentür. Jens Jansen ließ sich fallen, landete unsanft auf dem Boden und schloss mit zitternden Händen die Zellentür ab. Schritte näherten sich, und in der Zelle nebenan prasselte ein Urinstrahl in die Porzellanschüssel. Ein Faustschlag erschütterte die dünne Trennwand.

»Hallo, Schwanz loslassen!«

Die Stimme gehörte Stefan York. Jens Jansen antwortete nicht.

»Gunnar? Du onanierst doch nicht etwa während der Arbeitszeit?«

Pause. Ein weiterer Faustschlag.

»Mann, Lisa Pukka sieht heute mal wieder scharf aus. Schade, dass sie nicht mein Typ ist. Ich mag natürliche Frauen. Aber mit 'ner Tüte überm Kopf würd ich sie schon ficken. Was meinst du, Gunnar?«

Noch ein Faustschlag.

»Na los, sag schon. Oder bist du etwa schwul? Gunnar?«

Stefan York betätigte die Spülung, öffnete die Tür und verschwand wieder ins Büro. Jens Jansen schluckte, ehe er wieder zu atmen wagte. Er klappte den Deckel hoch und warf etliche Lagen Klopapier als Dämpfer in die Schüssel. Mit einem tiefen Seufzer setzte er sich zurecht. Nur um festzustellen, dass er nicht mehr musste.

Wireless made simple

In der vergessenen Abstellkammer betrachtete Jens Jansen zufrieden sein Werk. Mithilfe eines Tackers, mehrerer Rollen Paketband und etlicher Meter Luftpolsterfolie hatte er eine Art Hängesessel gebastelt und an einem Regal befestigt. Vorsichtig setzte er sich hinein. Die Folie dehnte sich und ein paar Blasen platzten, aber die Konstruktion hielt. Er machte es sich bequem, streckte die Füße in den künstlichen Sandstrand aus Styroporkügelchen, die er ausgestreut hatte, und seufzte glücklich. Es war das erste Mal seit dem Werkunterricht in der Schule, dass er eigenhändig etwas erschaffen hatte. Die gesamte Abstellkammer hatte er umgebaut. Aus der Pappe von Hunderten von Ringordnern und großen, weißen A1-Bogen hatte er eine Zwischenwand an die Rückseite eines Regals getackert und eine Art Katzenklappe hineingeschnitten, durch die er in sein Versteck kriechen konnte. Von außen sah man nichts, und niemandem würde auffallen, dass die Abstellkammer nur noch halb so groß wie vorher war.

Die Nervosität des ersten Tages hatte sich gelegt. Nach dem dramatischen Toilettengang hatte Jens Jansen gewartet, bis alle Angestellten in der Mittagspause waren. Er hatte vorsichtig durch den Türspalt gelinst, und als die Luft rein war, war er geduckt in die Abstellkammer zurückgehuscht. Erst lange nach Feierabend schlich er sich wieder aus dem Versteck, um nach etwas Essbarem zu suchen. Er merkte rasch, dass er die Versorgungslage überschätzt hatte. Die karge Bürolandschaft gab nicht viel her. Die Obstkörbe würden erst in zwei Tagen frisch befüllt werden, doch wenigstens Quellwasser gab es ohne Ende. Jens Jansen konnte nicht anders, als die Firma Eden Springs zu bewundern. Sie hatte der Geschäftsleitung ein Abo auf Quellwasser in großen Plastikflaschen aufgeschwatzt, obwohl man nur den Wasserhahn aufdrehen musste, um garantiert reinstes Trinkwasser zu bekommen. Jede Woche fuhr ein Kleinlaster vor, auf dem das Bild einer hübschen Frau prangte, die ein Glas Wasser in der Hand hielt. Ein Mann im blauen Overall schleppte die schweren Flaschen auf der Schulter herauf und tauschte sie aus. Wenn der Automat noch nicht leer war, stellte er sie einfach daneben. Niemand würde merken, dass eine Flasche verschwunden war. Der Wasservorrat in der Abstellkammer war somit gesichert. Aber das mit der festen Nahrung blieb problematisch. Im Papierkorb unter Elisabeth Pukkas Schreibtisch fand er ein halbes Sandwich. Er beschnüffelte es misstrauisch, zuckte mit den Schultern und biss hinein.

»Hmm, Thunfisch.«

Gierig verschlang er den Rest, während er die anderen Büromodule durchsuchte und Kleingeld einsammelte, das seine Kollegen für Kaffee und den Süßwarenautomaten in der Lounge aufbewahrten. Bald hatte er genug Münzen für eine Tasse Kaffee und ein eingeschweißtes Mandeltörtchen zusammen. Er setzte sich an seinen alten Schreibtisch, nahm einen gelben Post-it-Block und schrieb eine To-do-Liste, die sein Überleben sichern sollte. Zum ersten Mal seit Langem verspürte Jens Jansen einen Anflug von Enthusiasmus an seinem Arbeitsplatz. Er dachte kurz nach und begann zu kritzeln. Dann grübelte er weiter, brummte missvergnügt und strich ein paar Punkte.

Essen:
1. *Geld für Automaten sammeln*
2. ~~*Pizza bestellen*~~
3. ~~*Verkleidet zu McDonald's gehen*~~
4. *Papierkörbe durchsuchen*
5. *Lebensmittel im Versandhandel bestellen*
6. ~~*Irgendwas erlegen und aufessen*~~

Pizza bestellen war die größte Versuchung. Er hatte Bargeld. Als seine Pläne Gestalt annahmen, hatte er bei jedem Einkauf kleinere Beträge von seinem Konto abgehoben. 9800 Kronen lagen mit einem Gummiband fest zusammengerollt im Schlafsack. Aber falls er offiziell als vermisst gemeldet war und die Zeitungen sein Bild druckten, durfte er kein Risiko eingehen, erkannt zu werden. Aus diesem Grund fiel auch McDonald's weg. Außerdem traute er sich nicht, das Gebäude zu verlassen, aus Angst vor den vielen Überwachungskameras in Infra City. Innerhalb des Gebäudes lebte nichts, was er jagen und essen konnte, außer er wollte Kannibale werden. Doch das wäre kontraproduktiv. Wenn plötzlich Leute auf mysteriöse Weise in Infra City verschwanden, würden sie alles durchsuchen. Sowieso hatte er keine Ahnung, welche menschlichen Körperteile am besten zum Verzehr geeignet waren. Gedankenverloren kaute er auf dem Stift. Er hatte mal einen Film gesehen, in dem ein ganzes Rugbyteam hoch in den Anden mit dem Flugzeug abstürzte. Die Überlebenden waren gezwungen, ihre toten Kameraden zu essen. Sie begannen mit den Wadenmuskeln, wenn er sich recht erinnerte. Vielleicht könnte er ja ein paar

Filets aus Stefan Yorks muskulösen Waden schneiden? Aber welch ein Aufwand, den durchtrainierten Mann vorher umzubringen! Mit einem Wischmopp, einer großen Schere und viel Paketband könnte er einen Speer basteln und den Kollegen in die Abstellkammer locken.

»Wassup, Jens?«

Dann: Schwupp, schwupp, gefolgt von einem Todesschrei. Leider war Jens Jansen davon überzeugt, dass er in Wirklichkeit keine Chance gegen Stefan York hatte. Und selbst wenn es ihm gelänge, ihn lebensgefährlich zu verletzen oder zu töten, wo sollte er die Überreste verstecken? Nein, Jens Jansen war kein Mörderkannibale, er wollte einfach nur seine Ruhe haben. Vielleicht konnte er stattdessen Ratten oder Elstern fangen und sie in der Mikrowelle zubereiten. Der Gedanke war nicht sonderlich appetitlich. Er strich die Jagd komplett von der Liste und konzentrierte sich auf den Versandhandel. Vorsichtshalber loggte er sich an Stefan Yorks Computer ein. Die Polizei würde bestimmt den Datenverkehr untersuchen, um Ort und Zeit seines Verschwindens zu klären. Bei der Outdoor-Kette *Naturkompaniet* fand er etliche gefriergetrocknete Gerichte für Expeditionen. Auf Rechnung bestellte er einen Sturmkocher und zwanzig Päckchen Chili con Carne in knallgelben Tüten, die man nur mit Heißwasser auffüllen musste. Als Empfänger gab er seinen Namen an. Das Päckchen würde unbemerkt im Postfach landen, und keiner würde es am nächsten Morgen vermissen. Selbst wenn die Polizei wider Erwarten von der Bestellung erführe, passte sie perfekt zu der Spur, die seine Kontoauszüge seit Monaten legten: die Sehnsucht nach Freiheit in der Natur. Zwanzig vollwertige Mahlzeiten, Schokoladenkuchen aus dem Automaten und das Obst aus den Körben würden ihn ein paar Monate am Leben erhalten, wenn er die Vorräte klug einteilte. Danach würde er weitersehen. Er klickte auf »Kaufen«, loggte sich aus und begab sich auf Entdeckungsreise in der wohlbekannten Bürolandschaft.

One world. One vision

Das Büro war 1200 Quadratmeter groß und bestand größtenteils aus einem Raum, der in acht Module aufgeteilt war. In jedem der Module standen drei bis vier Schreibtische, die mit schmutzgrauen, schalldämpfenden Trennwänden abgeschirmt waren. Die Abteilungen hießen Controlling, Office Management, Customer Relations (Reklamationen abwimmeln), Produktentwicklung, Design, Verkauf, Shipping und Public Relations. Im PR-Modul standen die ergonomisch geformten Bürostühle von Jens Jansen, Elisabeth Pukka und Stefan York. Am Ende des großen Raumes, von wo aus er sämtliche Angestellten überblicken konnte, saß der Office Manager Gunnar Lidén. Der Einzige, der ein eigenes, abgeschlossenes Büro hatte, war Karl Frid. Es lag neben zwei kleinen Konferenzzimmern am südlichen Ende des Komplexes.

Jens Jansen öffnete eine Schublade von Stefan Yorks Schreibtisch und fand mehrere Ausgaben von *Men's Health*. Darunter hatte der Kollege ein aufgeschlagenes Pornoheft versteckt.

»Wer kauft denn noch so was?«, murmelte Jens Jansen. Als Kind hatte er einmal ein aufgeweichtes Pornoheft im Wald gefunden, aber das war lange her. Die Zeiten hatten sich geändert! Er bestaunte die jungen Mädchen in Schuluniformen, deren Silikonimplantate fast die braun gesprayte Haut sprengten. Sie schoben sich riesige, rosa

Dildos in die rasierte und gepiercte Vagina oder den kosmetisch gebleichten Anus. Auf der nächsten Seite stand Werbung für diverse Telefonsexnummern, unter denen »willige Bräute« für nur 19,90 Kronen pro Minute auf die Anrufer warteten. Eine der Nummern war mit Kuli unterstrichen. Sie führte zu den »geilsten Frauen, mit denen Sie je Telefonsex hatten«. Jens Jansen schaute sich geniert um. Dann legte er Stefan Yorks Lektüre wieder in die Schublade, schloss sie und begab sich an Elisabeth Pukkas Platz. In ihrer Schublade lagen drei Tablettenstreifen mit Beruhigungsmittel, ein halb voller Flachmann Gin, Tampons, eine Zahnbürste und eine Salbe gegen Vaginalpilz. Er beschlagnahmte die Zahnbürste und ging weiter zu Karl Frids Tür, die zu seiner Verwunderung abgeschlossen war. Draußen wurde es langsam hell. Es war kurz nach halb sechs, und die ersten Pendler fuhren auf den Parkplatz. Zeit, Gute Nacht zu sagen, befand Jens Jansen. Er kontrollierte, ob er keine Spuren hinterlassen hatte, und ging zur Toilette. Dort tropfte er etwas Handwaschgel auf Elisabeth Pukkas Zahnbürste und putzte sich die Zähne. Er zog eine Grimasse, spülte den Mund aus, wusch sich das Gesicht und ging pinkeln, ehe er sich in sein Versteck zurückzog. Als Gunnar Lidén wie jeden Tag um Schlag halb acht das Büro betrat, schlummerte Jens Jansen friedlich in seinem Schlafsack.

Guaranteed to keep you dry

Eine Woche später träumte Jens Jansen, dass er in einer großartigen Berglandschaft campierte und vor einem Unwetter ins Zelt geflüchtet war. Er wachte auf und stutzte. Der Regen peitschte noch immer aufs Zeltdach, aber er befand sich doch in der Abstellkammer? Verwirrt knipste er die Stirnlampe an. Das Wasser strömte wirklich über die Zeltkuppel. Er streckte den Kopf durch die Öffnung und wurde sofort nass. Auf dem Boden standen große Pfützen. Er fluchte und richtete den Lichtkegel zur Decke, wo ein Sprinkler Kaskaden über Regale voller Papier verteilte. Schnell kroch er aus dem Zelt und stolperte über den Sturmkocher, der wahrscheinlich den Alarm ausgelöst hatte. Auf nassen Strümpfen stapfte er zur Tür und lauschte. Die Alarmglocke läutete, Leute riefen und liefen durcheinander. Von Weitem erschallte eine Feuerwehrsirene.

Jens Jansen fluchte leise vor sich hin. Die von ihm eingebaute Trennwand begann bereits aufzuweichen und Wasser durchzulassen. Verzweifelt fummelte er an dem Sprinkler herum und versuchte, den Strahl zu stoppen, aber es war zwecklos. Er hatte keine andere Wahl, als sein Basislager schnellstens aufzugeben. Hastig baute er das Zelt ab, stopfte es in den Zeltsack und verbarg es über einer Deckenplatte. Der Schlafsack landete auf dem Boden und saugte sich voll Wasser. Er versteckte ihn zusammen

mit dem Sturmkocher in einem Karton. Das zusammenge-
rollte Bargeld blieb liegen, denn nun galt es, so rasch wie
möglich unterzutauchen. Im strömenden Sprinklerregen
versuchte er, die schweren Regale an ihre ursprüngliche
Position zu schieben. Plötzlich hörte der Regen auf, und es
wurde still. Schwere Schritte näherten sich. Die Tür ging
auf und der Lichtkegel einer grellen Halogenlampe fiel in
die Kammer. Jens Jansen drückte sich hinter einem Regal
an die Wand und hielt die Luft an.

»Aha, was haben wir denn da drinnen?«, fragte eine
Stimme mit deutlichem Vorstadtdialekt.

»Das ist eine Abstellkammer, war früher mal der Ser-
ver-Raum, aber wir benutzen ihn nicht mehr«, antwortete
Gunnar Lidén und betätigte vergeblich den Lichtschalter.
»Die Birne ist wohl kaputt.«

»Und niemand benutzt ihn?«, fragte der Feuerwehr-
mann.

»Nicht dass ich wüsste.«

»Keine Elektronik oder so was?«

»Nichts. Nur ausrangierte Geräte. Nichts angeschlos-
sen.«

»Gut, dann weiß ich Bescheid. Ich tippe auf falschen
Alarm. In dem Fall müssen Sie eine Anfahrtsgebühr für
den Einsatz zahlen.«

»Und was tun Sie gegen das Wasser hier?«

»Wir? Nichts! Unsere Aufgabe ist es, Leben zu retten.
Das müssen Sie mit dem Eigentümer regeln. Natürlich
muss das saniert werden.«

Die Männer verließen den Raum. Die Tür fiel ins
Schloss, und es war wieder pechschwarz. Jens Jansen
knipste die Stirnlampe an. Schwerfällig kletterte er in
die Zwischendecke und traute sich nicht mehr hervor, ehe
der Wasserschaden behoben war. Er fühlte sich wie Un-

geziefer, das wartet, bis es ausgeräuchert wird. Die Merino-Unterwäsche war klatschnass und das Metall der Kabelkanäle kalt. Er fror jämmerlich und rollte sich in Fötusstellung zusammen.

Die Klimaanlage hielt die Temperatur konstant unter 18 Grad, weil irgendein amerikanisches Forschungsinstitut festgestellt hatte, dass Menschen bei niedrigen Temperaturen besser arbeiteten, während zu viel Wärme Büroangestellte schlapp und unkonzentriert mache. Der nackte Beton der Decke senkte die Temperatur noch weiter. Jens Jansens Körper zog das Blut aus Händen, Armen, Füßen und Beinen ab, um die lebenswichtigen Organe zu wärmen. Seine Finger waren bläulich und bleich, er begann zu zittern. Aber was schlimmer war: Er musste pinkeln. Schließlich konnte er es nicht mehr halten. Der warme Urin breitete sich über Beine und Bauch aus, doch die Wärme hielt nicht lange an. Aus der Wolle stieg ein beißender Geruch nach nassem Hund. Mit großer Mühe pellte Jens Jansen sich aus der stinkenden, nassen Wäsche. Die Idealtemperatur für den nackten menschlichen Körper lag bei 26 Grad Celsius, was ihm bald schmerzlich bewusst wurde. Das Zittern ging in heftiges Schütteln über, sodass der Kabelkanal rasselte. Er wusste nicht, ob es von der Unterkühlung oder vom Durst kam. Seine Zunge fühlte sich geschwollen an und klebte am Gaumen. Wie lange lag er nun schon dort? Einen Tag? Zwei Tage? Die Tür zur Abstellkammer war mehrmals aufgegangen, er hatte das Kratzen von Schrubbern und ein Trocknungsgebläse gehört.

Das scharfe Metall des Kabelkanals hatte sich in seine Haut gedrückt. Er blutete, Arme und Beine waren taub. Er hatte keine Wahl, er musste sich bewegen, sonst würde er das Bewusstsein verlieren und wie eine eingesperrte Ratte sterben. Steif und ungeschickt kroch er aus seinem Versteck, aber die eiskalten Finger rutschten am Kabelkanal ab. Nackt und hilflos fiel er hinunter und landete unsanft auf dem Betonboden. Als er wieder zu sich kam, hatte er einen metallischen Geschmack im Mund. Jens Jansen stöhnte laut. Eine warme Flüssigkeit lief seine Wangen hinab. Erst nach einer Weile kapierte er, dass es Blut war. Er tastete im Dunkeln nach der Brille und fand sie schließlich in einer Ecke. Ein Bügel war verbogen, aber das Glas hatte den Sturz heil überstanden. Er setzte sie auf, wankte zur Tür und stieß mit dem Schienbein gegen den surrenden Apparat, der nach Brackwasser roch. Wieder fluchte er und rieb sich das Schienbein. Mit klappernden Zähnen legte er das Ohr an die Tür, um sich zu versichern, dass niemand da war. Dann öffnete er sie vorsichtig und blinzelte in das blaugrüne Licht der Neonröhren. Die Wanduhr zeigte elf, und Jens Jansen schloss daraus, dass er über zwei Tage auf dem Kabelkanal gelegen hatte. Blut tropfte von seinem Kinn auf die Brust. Er taumelte auf den Korridor, fiel nach wenigen Schritten um und blieb bewegungslos liegen.

Because health matters

Als Jens Jansen wieder zu sich kam, starrte er direkt in ein dunkles Augenpaar, das zu einem Mann mit rundem Gesicht und einem dicken, wohlgepflegten Schnurrbart gehörte.

»Bist du okay, Mann?«, fragte der Fremde in gebrochenem Schwedisch. Sein Atem roch nach Curry und Zigaretten. Er trug einen blauen Overall, in dem er aussah wie eine prall gefüllte Wurst. Auf dem Kopf trug er eine Baseballmütze mit der Aufschrift »Gebäudehygiene GmbH«. Neben ihm stand ein Putzwagen, an dem ein Mopp lehnte. Jens Jansen setzte sich mühsam auf, und erst da wurde ihm bewusst, dass er nackt war.

»Bist du okay?«

»Ja, ja. Alles bestens. Das ist wirklich kein Problem«, krächzte Jens Jansen und versuchte sich zu erinnern, was letzte Nacht geschehen war.

»Du hast auf dem Boden gelegen«, sagte der Mann, als könnte er Jens Jansens Gedanken lesen. »Alles voll Blut.« Er zeigte auf Jens Jansens Gesicht.

Jens Jansen tastete seine Wangen ab. Unter einem Auge war frischer Schorf und eine Gesichtshälfte fühlte sich taub an. In seinem Kopf rauschte und piepste es, als wäre sein Gehirn ein altes Transistorradio auf Mittelwelle.

»Soll ich Krankenwagen rufen?« Jens Jansen brauchte

eine Weile, um die Worte zu verarbeiten. »Nein, nein! Kein Krankenwagen!«, protestierte er schließlich.

Der Putzmann ging zum Wasserspender, füllte einen Becher und brachte ihn Jens Jansen.

»Danke, das ist nett. Aber es wäre nicht notwendig, ich komme schon zurecht. Ich wollte gerade heimgehen.«

Jens Jansen rappelte sich auf, aber er stolperte über einen Papierkorb. Zusammengeknüllte Fehldrucke, ausgelutschter Kautabak und Mandarinenschalen verteilten sich auf dem Boden.

»Scheiße! Ich meine, sorry. Ich will nicht noch mehr Arbeit machen. Moment, ich mach das weg.«

»Schon gut, ich mache. Du musst ausruhen. Wo sind deine Kleider?«

Jens Jansen nahm Kurs auf seinen Schreibtisch, als ihm plötzlich schwarz vor Augen wurde. Sein Magen drehte sich um, und die angespannten Hals- und Bauchmuskeln verhießen nichts Gutes. Er versuchte zu schlucken, aber es war zu spät. Der Putzmann sprang mit dem Papierkorb herbei, und gelbe Galle quoll zwischen Jens Jansens zusammengebissenen Zähnen in den Korb. Er hustete und spuckte, Schleimfäden hingen aus seinem Mund.

»Entschuldigung«, stammelte Jens Jansen. »Tut mir wirklich leid.«

Der Putzmann stützte ihn und führte ihn zu einem Sofa in der Lounge. Dann ging er zur Rezeption und kam mit Kompressen, Desinfektionsmittel und einer Rettungsdecke aus dem Verbandskasten wieder.

»Ganz ruhig«, sagte der Mann und wickelte Jens Jansen in die knisternde Decke.

»Vielen Dank! Aber du hast sicher viel Arbeit. Ich komme schon zurecht, kein Problem!«

Der Putzmann ignorierte ihn und untersuchte sein geschwollenes Gesicht.

»Du musst wirklich in Krankenhaus fahren«, sagte er und deutete eine Nähbewegung an. »Das muss genäht werden.«

»Nein, nein, ich bin okay.«

»Okay?«

»Okay.«

Er fragte, ob Jens Jansen was dagegen hätte, dass er ihn verband, und dieser gab den Protest auf. Er hatte fürchterliche Kopfschmerzen. Schweigend reinigte der Mann die Wunde und befestigte die Kompresse mit medizinischem Klebeband. Es brannte höllisch. Als er fertig war, sah er Jens Jansen unglücklich an.

»Du musst mit Drogen aufhören.«

»Was?«

»Es wird nur immer schlimmer.«

»Nein, nein. Ich bin kein Junkie. Ich habe nur etwas Pech gehabt.«

Der Putzmann schaute misstrauisch.

»Du musst zu Arzt. Aber ich kann nicht Hilfe holen, tut mir leid. Sie dürfen nicht wissen, dass ich hier bin. Ich bin illegal.«

»Illegal?«

»Yes. Wenn Polizei mich findet, ich muss zurück nach Bagdad.«

»Bagdad?«

Der Mann lachte resigniert.

»Sie werden mich töten. Genau wie meinen Bruder. Polizei darf nicht wissen, dass ich hier bin.«

Jens Jansen sah den Mann lange an. Dann sagte er: »Ich auch.«

»Dich wollen sie auch töten? Wer will dich töten?«

»Nein, also …«

»Du bist auch illegaler Einwanderer«, unterbrach ihn der Mann.

»Nein. Ich bin Schwede. Aber ich verstecke mich auch vor der Polizei.«

»Du bist kriminell?«, fragte der Mann.

»Nein. Oder doch, vielleicht ein bisschen. Ich bin freiwillig untergetaucht. Ich weiß nicht, ob das gegen das Gesetz verstößt. Du bist der Einzige, der weiß, wo ich mich aufhalte.«

Der Mann runzelte die Stirn.

»Willst du eine Zigarette?«, fragte er.

Jens Jansen zuckte mit den Schultern. »Warum nicht?«

Der Mann zog ein Päckchen russische Zigaretten und ein Feuerzeug aus der Tasche, aber Jens Jansens Finger waren zu steif. Der Mann half ihm, wobei er die hohle Hand schützend vor die Flamme hielt. Dann zündete er sich auch eine an und blies den Rauch gegen die Neonröhren.

»Danke«, sagte Jens Jansen.

Der Mann nickte und gestikulierte.

»Kein Problem.«

Jens Jansen starrte ihn an.

»Wie bist du hier gelandet?«

Impossible is nothing

Der Passierkarte zufolge hieß er Ferzende Shakir und war bei der Gebäudehygiene GmbH angestellt. In Wirklichkeit hieß der Mann mit dem Putzwagen Yussuf Said, war einundvierzig Jahre alt und ein ehemaliger Geschäftsmann aus dem Irak. Er hatte ein Importunternehmen in der Elektronikbranche mit mehreren Geschäften in Bagdad und Basra besessen und in aller Welt Messen besucht. Er sprach fließend Englisch und hatte der christlichen Mittelklasse Bagdads angehört. Wie viele hatte er gespannt die Invasion der Amerikaner erwartet und gehofft, sie würden das Leben der Iraker verändern. Das taten sie auch, aber nicht so, wie er es sich vorgestellt hatte.

»Der größte Fehler meines Lebens war die Iraqi-American Chamber of Commerce and Industry«, erklärte er bei der zweiten Zigarette.

»Was ist das?«

Das war eine Handelskammer, die von Anhängern der Republikaner ins Leben gerufen wurde und die radikal freie Marktwirtschaft im Sinne Milton Friedmans einführen wollte.

»Kennst du Milton Friedman?«

Jens Jansen nickte.

»Ein Ökonom. Auf dem Gymnasium war ich bei den Jungliberalen, da haben alle über ihn geredet. Hat er nicht den Nobelpreis bekommen?«

»Ja, 1976. Interessant, aber total überschätzt. Weißt du, in Bagdad funktionieren nicht einmal die Ampeln, wie soll da freie Marktwirtschaft funktionieren?«

Yussuf Said grub in seinen Taschen und zog eine schwarze Brieftasche hervor. Darin lag ein Mitgliedsausweis mit einem Foto und dem verheißungsvollen Slogan *Impossible is nothing.*

»Da könnte genauso gut ›Verräter‹ draufstehen«, seufzte der Iraker und schüttelte den Kopf.

Im gesetzlosen Chaos, das auf die Invasion folgte, wurde sein Bruder gekidnappt, der Miteigner des Unternehmens war. Man fand seine verstümmelte Leiche in einem verlassenen Haus. Kurz darauf explodierte eine Autobombe vor einem Geschäft der Familie.

»Da beschloss ich zu fliehen. Ich konnte nicht mehr bleiben.«

Yussuf Said gab seine gesamten Ersparnisse einem Menschenschmuggler. Die Familie überquerte die jordanische Grenze in einem Lastwagen. Dann reiste er allein weiter nach Schweden, um ein neues Leben für sich, seine Frau und ihre Zwillingskinder aufzubauen.

»Zuerst landete ich in Malmö und dann in Södertälje.«

Dort traf er einen früheren Kollegen, der versprach, ihm bei der Wohnungs- und Arbeitssuche zu helfen.

»Ich hab ihm nie getraut, hätte nie Geschäfte mit ihm gemacht. Aber was sollte ich in meiner Lage tun? Er war der Einzige, den ich kannte, der mir helfen konnte.«

Yussuf Said erzählte, wie seine Akte über ein Jahr lang in der Einwanderungsbehörde hin und her geschoben wurde, ehe er seinen Bescheid bekam. Eigentlich hatte er zur Schule gehen und Schwedisch lernen wollen, schließlich wollte er sich in seiner neuen Heimat verständigen können.

»Aber ich schaffte es nicht. Ich war total erschöpft und konnte trotzdem nicht schlafen. Es war unheimlich. Schließlich habe ich daheim ein großes Geschäft geleitet. Aber hier hatte ich keine Kraft.«

Er verbrachte die Tage in der Bibliothek von Södertälje. Jedes Mal, wenn ein Computer frei wurde, checkte er seine Mails. Er hatte eine Heidenangst, dass der Akku des altmodischen Handys, das er ausgeliehen hatte, versagen würde. Täglich versuchte er, seine Frau zu erreichen, aber die Nummer funktionierte nicht mehr.

»Ich wollte mir das Leben nehmen. Ohne meine Frau und die Kinder hätte ich mich längst vor den Zug geworfen.«

Er schüttelte den Kopf.

»Ich habe Volkswirtschaft studiert. Bagdad war einmal die größte und angesehenste Universität der arabischen Welt. Und nun mache ich das hier.«

Er lachte und strich demonstrativ über den blauen Overall. Seine Wohnung in Ronna teilte er mit acht weiteren Irakern. In jedem Zimmer lagen Matratzen. Jede Nacht hörte er die anderen weinen und jammern. Als er schließlich zu seiner Sachbearbeiterin – inzwischen die vierte – bestellt wurde, teilte sie ihm mit weinerlicher Stimme mit, dass sein Antrag abgelehnt sei.

»Ich weiß, wie schwer das für Sie sein muss. Versuchen Sie, es als Chance zu sehen«, hatte sie gesagt.

Yussuf Said hatte sie wortlos angestarrt, während der letzte Tragbalken in der Ruine seines Daseins einstürzte und er in ein schwarzes Loch fiel. Und dann fing die Sachbearbeiterin auch noch an, über das Wetter zu plaudern!

»Endlich dürfen wir auf Sonne hoffen. Es soll bald aufklaren und ein richtig schöner Herbsttag werden.«

Yussuf Said sah Jens Jansen in die Augen.

»Was hat das Wetter damit zu tun, Jens? Warum wollt ihr Schweden immer nur über das Wetter reden?«

Yussuf Said legte keine Berufung ein. Er hatte viele gesehen, die in den Mühlen der Einwanderungsbehörden und Gerichtsprozesse zermahlen wurden. Er wusste, dass er seine Familie benachrichtigen musste, aber er wollte die Hoffnung nicht zerstören, die seine Reise nach Norden bei ihnen geweckt hatte. Den Traum, dass sie eines Tages wieder zusammen sein würden. Deshalb schrieb er weiterhin, dass er noch auf den Bescheid warte.

»Ich hätte ihr schreiben sollen, wie sehr ich sie vermisse und wie zerbrochen mein Herz ist«, sagte er und griff sich an die Brust. »Aber ich wollte sie nicht beunruhigen. Sie hat schon genug Sorgen mit den Kindern.«

»Weißt du, wo deine Familie ist?«, fragte Jens Jansen.

Der Mann senkte den Blick.

»Nein«, seufzte Yussuf Said.

Es war lange her, seit sie das letzte Mal auf seine Mail geantwortet hatte. Mehrere Monate. Vielleicht waren sie schon tot. Mit jedem Tag, der ins Land ging, war Yussuf Said überzeugter davon, dass dies der Fall war.

Nach der Ablehnung war er untergetaucht. Sein Bekannter lieh ihm noch mehr Geld, das er nie würde zurückzahlen können. Ohne gültige Papiere hatte er das Recht auf staatliche Unterstützung verloren, und um seine Schulden wenigstens teilweise abzustottern, putzte Yussuf Said nachts unter falschem Namen die Büros von Infra City.

»Aber entschuldige, jetzt haben wir nur über mich geredet«, sagte der irakische Flüchtling. »Was macht ihr eigentlich hier?«

»Wir produzieren Fahrradhelme.«

»Fahrradhelme?«

Jens Jansen nickte.

»Wir designen, testen und vertreiben Fahrradhelme.«

Yussuf Said starrte ihn ausdruckslos an.

»Damit man sich beim Radfahren nicht am Kopf verletzt«, erklärte Jens Jansen.

»Verstehe.«

»In Schweden tragen 32 Prozent aller Radfahrer Helm. Und ihr Anteil steigt konstant.«

Yussuf Said starrte ins Leere und nickte still.

Connecting people

Wenige Tage nach ihrem ersten Treffen, in der Nacht von Donnerstag auf Freitag, bekam Jens Jansen hohes Fieber und starken Husten. Das Basislager im Abstellraum war wieder aufgebaut, niemand schien etwas entdeckt zu haben. Die Unterwäsche hatte er mit Handdesinfektionsmittel gewaschen und in geduldiger Arbeit unter dem Handtrockner geföhnt, ebenso den Schlafsack. Als Übergangslösung hatte er sich eine Art Poncho aus der Rettungsdecke gebastelt, der zwar warm hielt, aber nicht sonderlich bequem war. Erleichtert stieg er in das frische, kuschelige Wolltrikot. Auch das Zelt stand wieder hinter dem Regal, und die Hängematte aus Luftpolsterfolie war repariert. Doch das eiskalte Wasser des Sprinklers und die zugige Klimaanlage hatten Jens Jansens Gesundheit sichtlich angeschlagen. Hinzu kamen schlechte Ernährung, Schlafmangel und die Folgen des Sturzes. Kein Wunder, dass sein Immunsystem schwächelte. Mikroorganismen des Typus Mykoplasma pneumoniae waren in seine Lunge gelangt und hatten eine Infektion verursacht. Als Yussuf Said eine Woche später wiederkam, fand er Jens Jansen zitternd im Schlafsack, mit Lungenentzündung und hohem Fieber. Schon in der nächsten Nacht kam der irakische Flüchtling wieder und brachte ihm Antibiotika, die er über einen Kontakt in der Schwedischen Kirche erhalten hatte.

»Ich sagte, es sei für einen Freund, der sich auch versteckt«, sagte Yussuf Said und lachte laut, als hätte er einen guten Witz gemacht. Jens Jansen lächelte matt und schluckte zehn Milliliter der bitteren Flüssigkeit. Zwei Tage später war nur noch ein Schnupfen übrig.

Als er wieder gesund und munter war, offenbarte sich ein neues Problem für Jens Jansen. Er hatte nicht bedacht, wie langweilig die selbst gewählte Isolation werden konnte. Die Zeit wollte nicht vergehen, besonders tagsüber, wenn er in der Abstellkammer gefangen war. Er versuchte, so lange wie möglich zu schlafen, aber meistens wachte er kurz nach der Mittagspause auf. Als Erstes nahm er ein kleines Frühstück zu sich. Er hatte Yussuf Said ein paar Fünfhunderter aus seiner Rolle gegeben und ihn gebeten, ein paar Lebensmittel einzukaufen und das Wechselgeld zu behalten.

Langsam und genüsslich bereitete er im Schein der Stirnlampe sein Essen zu. Nach dem Frühstück vertrieb er sich mit einer Art Gymnastik die Zeit. Da er sich vor niemandem schämen musste, ließ er seiner Kreativität freien Lauf und erfand einen eigenartigen, ruckhaften Tanz. Außerdem vertrieb er sich die Zeit mit Zeichnen. Er malte mit Edding Figuren auf einen A1-Block, und als das Papier zur Neige ging, bekritzelte er die Wände. Bald war der verborgene Teil der Abstellkammer über und über mit seltsamen Figuren, Pfeilen und Skizzen bedeckt, die man als Psychogramme des Individuums und der Gesellschaft deuten konnte.

Schon nach wenigen Wochen fiel es Jens Jansen schwer, zwischen Fantasie und Wirklichkeit zu unterscheiden. Oft schien es ihm, als bewege sich etwas in der Dunkelheit der Abstellkammer. Er sah die bleichen Konturen eines Gesichts, aber wenn er blinzelte, verschwanden sie. Spukte es in modernen Bürokomplexen? Vielleicht waren das die unglückseligen Geister früherer Sekretärinnen oder Betriebsräte, die nach alten Unterlagen suchten. Er musste Yussuf Said bitten, ihm ein Transistorradio und Kopfhörer zu kaufen, damit er sich die Zeit besser vertreiben konnte. Die Bestellung notierte er auf einen gelben Klebezettel, obwohl dies nicht nötig war.

Einmal durchwühlte er aus purer Langeweile alle Regale in der Abstellkammer, und was er dort in einem Karton fand, sollte alles verändern.

Sense and simplicity

Jens Jansen nahm den Karton und schüttelte ihn. Er beinhaltete ein schweres Gerät. Er schnitt das Klebeband auf und förderte eine gebrauchte, digitale Telefonanlage zutage, vermutlich ein Überbleibsel der letzten Rationalisierungsmaßnahmen, als der Kettenraucher an der Rezeption gefeuert worden war und alle eingehenden Anrufe stattdessen über ein externes Callcenter geschaltet wurden. Jens Jansen zog das Telefonkabel aus dem Karton und richtete die Stirnlampe auf den Kabelkanal an der Wand. Er führte zu einer Telefonbuchse.

Die Bedienung der Anlage war nicht sonderlich kompliziert. Alle Gespräche wurden durch rote Lämpchen auf der Vorderseite des Apparats angezeigt. Jens Jansen musste lediglich den Knopf neben der jeweiligen Diode drücken, und schon tönten die Stimmen seiner Exkollegen aus dem Hörer. Kurz nach der Mittagspause, wenn der Arbeitstag seinen Höhepunkt erreichte, leuchteten fast alle Lämpchen rot. Dann lag er in seinem Liegestuhl aus Luftpolsterfolie, knabberte Erdnüsse und zappte zwischen den Gesprächen hin und her. Wenn er eine Stimme erkannte, notierte er die zugehörige Zahl auf der Telefonanlage. Auf Leitung 3 bestellte der Trainingsjunkie Stefan York Testo-Booster, um seine Muskelmasse zu vergrößern. Die Hormone schienen zu wirken, denn im nächsten Gespräch vereinbarte er einen Termin zur Haarentfernung in einer Schönheitsklinik. Auf Leitung 4 überredete Elisabeth Pukka ihre Mutter, bei der Bank für sie zu bürgen, damit sie einen Kredit für eine Wohnung in Hammarby Sjöstad bekam. Jens Jansen wechselte zu Leitung 7. Dort lief ein Gespräch über eine verschwundene Katze.

»Nein, ich habe Smilla nicht gesehen«, sagte eine dunkle Männerstimme und seufzte. »Ihr ist bestimmt langweilig geworden. Hier geschieht ja nie was. Jeden Tag derselbe Scheiß: heimkommen, essen, Fernsehen glotzen und dann in getrennten Schlafzimmern pennen.«

»Sie schläft immer bei mir«, antwortete die Frauenstimme. »Du schnarchst ja so laut, dass keiner schlafen kann. Besonders keine Katze. Katzen haben ein hundertmal besseres Gehör als Menschen. Stell dir mal vor, wie das in ihrem Kopf donnert.«

»Du vergisst, dass Katzen Nachttiere sind. Sobald du schläfst, schleicht sich Smilla raus, jagt Ratten und fickt die Nachbarskatze, diese schicke Angora mit dem goldenen Fell.«

Pause.

»Hallo? Bist du noch dran?«

Leises Schluchzen auf der anderen Seite.

»Heulst du?«

»Ich vermisse sie so sehr…«

»Wär schön, wenn du mich auch mal vermissen würdest.«

»Wie meinst du das?«

»Was glaubst du? Nicht nur Katzen brauchen Liebe und Zärtlichkeit.«

Die Frau knallte den Hörer auf, und der Mann blieb einsam am Ende der Leitung zurück.

Das muss Danielsson aus der Logistik sein, dachte Jens

Jansen und notierte den Namen. Er ließ den Finger über den Knöpfen kreisen, ehe er sich für die 12 entschied.

»Sie sind auf Platz Nummer 14 in der Warteschleife. Nach unseren Berechnungen wird Ihr Gespräch in ca. elf Minuten angenommen...«

Jens Jansen klickte weiter zur 14. Eine Frau und ein Mann, offenbar Eltern von Kleinkindern, die den ganzen Tag arbeiteten. Axelwall, der junge Streber vom Verkauf, und seine Frau. Jens Jansen notierte die Nummer.

»Der Kindergarten hat angerufen. Die Kleine hat 39 Grad Fieber«, sagte die Frau.

»Kleine Kinder haben oft erhöhte Temperatur. Kein Grund zur Aufregung«, sagte Axelwall.

»Hast du ihr nicht heute Morgen Paracetamol gegeben?«, fragte die Frau. Axelwall bejahte.

»Womit es medizinisch völlig ausgeschlossen ist, dass sie jetzt Fieber hat. Wie lange wirkt eine Dosis, sechs Stunden? Das heißt, dass sie lügen«, sagte er triumphierend.

»Sie sagen, dass sie nur weint.«

»Das ist normal. Kinder weinen nun mal, wenn sie traurig sind.«

Jens Jansen zappte auf die 22. Das laute Geschrei einer Frau ließ ihn zusammenzucken.

»Ich will dich nie wieder sehen, du Schwein, hörst du? Nie wieder!« »Interessant«, antwortete eine gleichgültige Männerstimme. Jens Jansen versuchte vergeblich, zu erkennen, wer es war. Jemand aus dem Verkauf? Andersson?

»Ich muss kotzen, wenn ich daran denke. Kotzen! Wie konntest du das tun?«, schrie die Frau.

»Mmm«, murmelte der Mann, als befände er sich in einer Diskussion über Verkaufszahlen.

Andersson war der neue Verkaufsleiter, mit Goldkett-
chen und aufgedunsenem Gesicht, das von langjährigem
Alkoholmissbrauch zeugte. Er war für seinen kurzen, hit-
zigen Abschlag beim Golf bekannt. Außerdem mochte er
pastellfarbene Hosen und färbte jedes graue Haar. Nun
saß er an seinem Schreibtisch und warf ängstliche Blicke in die Runde, weil niemand mitbekommen sollte,
dass seine Ehe in diesem Moment in die Brüche ging. Ein
Schweißfilm stand über seiner Oberlippe. Er hielt beide
Hände vor das Mikrofon seines Headsets und flüsterte:

»Es tut mir leid, aber ich kann diese Diskussion jetzt
und hier nicht führen. Verzeih mir«, flüsterte er.

Mit gekünstelter Stimme schloss der Verkaufschef das
Gespräch ab: »Das gehört zum Angebot. Sie kaufen neun
Helme und bekommen den zehnten gratis dazu«, krächzte
er verzweifelt.

»Lass dich ja nicht mehr hier blicken«, sagte die Frau
und knallte den Hörer auf.

»Super! Abgemacht. Auf Wiederhören!«, sagte der Mann
in die tote Leitung, und das Lämpchen der Telefonanlage
erlosch. Doch im nächsten Moment blinkte es wieder auf.
Der geschasste Ehemann rief Fleurop an, um ein Blumen-
telegramm nach Hause zu schicken.

»Was soll auf der Karte stehen?«, fragte die Blumen-
händlerin.

»Verzeihung«, flüsterte Andersson zerknirscht.

»Entschuldigung?«

»Ich möchte, dass Sie ›Verzeihung‹ schreiben.«

»Nur ›Verzeihung‹? Okay. Wir haben gerade ein Angebot. Sie bekommen einen kleinen Teddybären oder ein Tä-
felchen Schokolade ohne Extrakosten dazu. Was möchten
Sie?«

»Den Bären, bitte.«

»Den Bären. Bezahlen Sie mit Karte oder per Rechnung?«

»Rechnung ist gut.«

Das Gespräch war zu Ende. Zum ersten Mal leuchtete die Lampe neben der Nummer 1 auf. Jens Jansen nahm an, dass die Leitung Karl Frid gehörte, und er hatte recht.

»Hallo, hier Sternberg. Wir haben ein Angebot von den Chinesen.«

»Was bieten sie?«, fragte Karl Frid.

»182 Millionen. Unter der Bedingung, dass die Personalkosten gesenkt werden.«

»Inzwischen sind alle bis auf zwei über Zeitarbeitsfirmen eingestellt. Das heißt, wir können die allermeisten innerhalb eines Monats loswerden.«

Karl Frid hustete in den Hörer und verschärfte den Ton.

»Ich finde, wir sollten uns bei Gelegenheit zusammensetzen und über mein Gehalt sprechen. Wenn Helm Tech ein internationales Unternehmen wird, sollte das Niveau entsprechend sein.«

»Wer ist der zweite?«

»Was?«

»Sie sagten doch, es gebe zwei fest Angestellte.«

»Ach so. Das ist Jansen.«

»Jansen?«

»Ja, der Brand Manager.«

»Brand Manager? Wie kann es sein, dass wir einen Brand Manager fest einstellen? Die muss man doch auch mieten können!« Sternberg klang irritiert.

»Sein Vater ist einer der Firmengründer. Der Alte sitzt immer noch im Vorstand, soviel ich weiß.«

»Kenne ich nicht. Aber spielt auch keine Rolle. Mit zwei Angestellten können die Chinesen wohl leben.«

»Die wollen doch sowieso nur das Warenzeichen, oder?«

»Genau.«

»Und dann wird die gesamte Produktion und Verwaltung nach China verlegt?«

»So ist es.«

Karl Frid schluckte.

»Also, wir müssen über meine Rolle im zukünftigen Helm Tech reden. Die brauchen doch einen schwedischen Geschäftsführer, trotz allem? Schließlich wird Helm Tech weiter als schwedisches Unternehmen vermarktet, nicht wahr? Außerdem muss ich die Familie rechtzeitig informieren, falls ich ins Ausland muss.«

»Um die Wohnung kümmern wir uns, wenn alles in trockenen Tüchern ist. Machen Sie sich keine Sorgen.«

»Okay, aber wie schnell geht die Sache über die Bühne?«

»Sie wollen es sofort. Am liebsten möchten sie den Vertrag bis Ende des Jahres unterschreiben. Aber nur, wenn alles vorbereitet ist. Sie haben also zwei Monate.«

»Der Betriebsberater wird sich der Sache annehmen. Das bleibt bis auf Weiteres unter uns.«

»Klingt vernünftig.«

»Auf Wiederhören.«

»Wiederhören.«

Jens Jansen umklammerte den Hörer und starrte in die Dunkelheit. Nachdem alle heimgegangen waren, schwang er sich in die Zwischendecke hoch und folgte dem Kabelsteg zum südlichen Ende des Büros. Dort löste er eine Deckenplatte und leuchtete in Karl Frids Büro. Von draußen sah man das kalte Licht der Stirnlampe über die vereisten Scheiben huschen. Auf dem Schreibtisch fand er einen neuen Organisationsplan, den fast hundert Seiten dicken Vertragsentwurf eines chinesischen Großkonzerns sowie eine Liste der Personen, denen gekündigt werden sollte. Sein Name war nicht dabei. Er sollte in der neuen Organisation zum Marketing Director befördert werden und der vierköpfigen Geschäftsleitung angehören. Alle anderen sollten gefeuert werden. Elisabeth Pukka, Stefan York, Gunnar Lidén. Alle.

They're g-r-r-reat!

Am neunzehnten Tag kam der Anruf, auf den er gewartet hatte. Er war überrascht, wie ehrlich beunruhigt Mari klang, als sie mit Gunnar Lidén redete.

»Ist Jens im Büro?«

»Ich kann Sie verbinden.«

»Ich habe die Durchwahl. Seit gestern versuche ich ununterbrochen, ihn zu erreichen. Sein Handy ist ausgeschaltet.«

»Tut mir leid, es ist nicht meine Aufgabe, die...«

Sie unterbrach ihn.

»Er ist seit zwei Wochen nicht zu Hause gewesen. Hinter der Tür lagen ein Haufen Tageszeitungen und ungeöffnete Post. Kann mir niemand sagen, wo er ist?«

»Tut mir leid, er ist nicht an seinem Platz. Probieren Sie es mit einer Mail oder seinem Anrufbeantworter, dann wird er sich schon melden.«

»Können Sie nicht wenigstens die Kollegen fragen, ob jemand Jens gesehen hat? Ich mache mir Sorgen.« Mari klang, als hätte sie Tränen in den Augen.

»Rufen Sie doch nach der Mittagspause noch einmal an, vielleicht ist er dann zurück«, antwortete Gunnar Lidén ohne die geringste Spur von Empathie.

»Sind Sie schwer von Begriff? Ich sage doch, dass er verschwunden ist. Ich muss wissen, wann er zuletzt im Büro war.«

»Das liegt außerhalb meines Verantwortungsbereiches.«

»Doch, das ist Ihre Verantwortung als Mitmensch, Sie blöder Büronazi!«

»Tut mir leid. Rufen Sie am Nachmittag wieder an. Auf Wiederhören.«

Jens Jansen konnte vor dem Auflegen noch hören, dass Mari wirklich vor Verzweiflung weinte. Er hatte nicht damit gerechnet, dass sein Verschwinden für andere als ihn selbst Konsequenzen haben könnte. Vielmehr hatte er geglaubt, Mari würde erleichtert reagieren. Jetzt konnte sie endlich leben, wie sie wollte. Ohne schlechtes Gewissen, wenn sie mal wieder zum Trost shoppen ging oder einen anderen Mann traf. Warum weinte sie? Vielleicht war es doch nicht so schlecht gelaufen, wie er dachte? Im Grunde erfüllten sie alle Voraussetzungen für eine gute Partnerschaft. Großer Zweifel überkam Jens Jansen.

Außer Mari schien ihn niemand zu vermissen. Wahrscheinlich könnte er sich problemlos an seinen Schreibtisch setzen und weitermachen, als wäre nichts geschehen. Und falls doch jemand fragte, würde er sagen, er sei krank gewesen.

Habt ihr die Nachricht nicht bekommen? Wirklich? Oh, das war bestimmt ein Fehler in der Mailbox.

Seine Kollegen hatten ja immer gesagt, er sehe bleich und überarbeitet aus. Er nahm einen Collegeblock, atmete tief ein und begann zu schreiben. Es wurde kein langer Brief, aber Mari wusste ja, dass er keine literarische Leuchte war. Jens Jansen überlegte kurz, ob er ihr je zuvor einen richtigen Brief geschrieben hatte. Nein, höchstens ein paar Ansichtskarten aus Hotelburgen am Mittelmeer oder in den USA. Es gab immer ein erstes Mal, dachte er.

Liebe Mari,

bitte verzeih mir, wenn ich Dich beunruhigt habe. Ich befinde mich auf einer Reise. Ich habe den Drang verspürt, von allem wegzukommen und allein zu sein. Ich wollte irgendwohin, wo es keine anderen Touristen gibt. Deshalb musste ich weit weg. Bis jetzt war jedoch das meiste enttäuschend. Das Wetter ist miserabel, das Essen schrecklich und die Unterkunft unter aller Kritik. Außerdem ist die Bevölkerung ziemlich unfreundlich. Du würdest diese Menschen verabscheuen. Deshalb war ich meistens für mich allein. Noch dazu war ich krank, weshalb ich mich erst jetzt melde. Noch einmal: Entschuldigung! Der einzige Mensch, mit dem ich hier rede, ist ein anderer Tourist, der ein paar Worte Schwedisch kann. Seine tragische Lebensgeschichte hat mich zutiefst berührt und lässt mich die Welt mit anderen Augen sehen. Ich habe eingesehen, dass ich dankbar sein sollte. Ich werde bald heimkehren, und was immer dann geschieht: Du sollst wissen, dass ich Dich und alles, was wir zusammen hatten, vermisse. Ich weiß, dass ich mich nicht genug angestrengt habe, um unsere Beziehung zu retten. Das tut mir leid. Ich verstehe, dass Du es nicht mehr ausgehalten hast. Ich könnte auch verstehen, wenn Du Dein Glück woanders suchst (ohne Dich zu verdächtigen). Wahrscheinlich hätte ich das an Deiner Stelle auch getan. Meine Reise hat kaum Erholung und Sonnenschein gebracht, aber ich weiß jetzt, was im Leben zählt. Ich hoffe, dass wir uns sehen, wenn ich heimkomme, und wer weiß, vielleicht können wir noch einmal ganz von vorn anfangen.

Ich umarme Dich
Jens

PS: Es ist viel besser geworden mit der Verdauung. Vielleicht liegt das an den Bakterienkulturen im Essen hier, ich weiß es nicht.

Er hatte sich entschieden. Genug mit den Dummheiten. Ausgekriselt, ganz einfach. Es war an der Zeit, sich zusammenzureißen und ein Mann zu sein. Erwachsen zu werden.

Er riss die Seite vom Block und steckte sie in einen Umschlag. Dann baute er zum zweiten Mal sein Basislager ab. Er hatte die mentale Belastung der Isolation unterschätzt. Und er wollte anderen Menschen nicht mit seinem Untertauchen wehtun. Jens Jansen rollte das Zelt zusammen, legte es mit der restlichen Ausrüstung in einen Karton und stellte ihn in das hinterste Regal. Dort lag auch die Plastiktüte mit den Kleidern, die er am Tag seines Verschwindens getragen hatte. Sie rochen muffig und waren vom Staub in der Zwischendecke verdreckt, aber es musste gehen. Er klopfte den schlimmsten Dreck ab. Dann zog er die Merinowäsche aus und stieg in die Bürouniform. Die Hose war viel zu weit, offenbar hatte er in den neunzehn Tagen abgenommen. Er glättete ein paar widerspenstige Locken mit Mineralwasser und rieb sich Händedesinfektionsgel ins Gesicht, als wäre es ein Aftershave. Es brannte tierisch an der Narbe unter dem Auge, die hoffentlich nicht zu viel Aufmerksamkeit erregen würde. Er wusch sich, so gut es ging, am Waschbecken, aber als er am frühen Morgen in sein Versteck zurückkehrte, fühlte er sich immer noch schmutzig. Egal, es musste ausreichen, nur für einen Tag. Heute Abend würde er eine lange, heiße Dusche daheim in der Vestmannagatan genießen und den gesamten Vorrat an Hygieneprodukten aufbrauchen. Er würde sich einseifen, einbalsamieren, peelen und einduften. Jens Jansen zwängte sich in den Anzug und nahm einen tiefen Zug aus einer Plastiktüte, die er mit Kleber gefüllt hatte. Dann steckte er den Brief in die Innentasche der Anzugjacke, ging zur Tür und lehnte die Stirn gegen den kalten Kunststoff. Ihm war schwindlig. Er machte sich bereit, wie ein Skispringer vor dem Start. Es war ihm nicht ganz geheuer, aber er hatte sich entschieden. Schluss mit den Dummheiten.

Bringing ideas to life

Es war 7.11 Uhr, das erste Tageslicht drang durch das Panoramafenster mit Autobahnblick. Jens Jansen war aus dem inoffiziellen Urlaub in der Abstellkammer zurück. Auf dem Flachdach des Hamburgerrestaurants, wo die Krähen in Reih und Glied vor dem feuerroten Morgenhimmel saßen, lag frischer Reif. Das Laub der Bäume leuchtete gelb und rot, auf dem Parkplatz rollten die ersten Autos ein. Jens Jansen hatte noch exakt neunzehn Minuten, bis Gunnar Lidén das Büro betrat. Der Mann war wie eine Atomuhr. Jens Jansen legte den Brief an Mari in das Fach für ausgehende Post und schlurfte an seinen Arbeitsplatz. Der ergonomische Drehstuhl knarrte unter der ungewohnten Last. Alles sah aus wie immer. An der Trennwand hing noch immer der Vorschlag für die Werbekampagne des Herbstes: »How do you want your head?« Stefan York hatte den Pitch durchgesetzt, der beim Betrachter die gleiche Unlust wie sein Erfinder hervorrief. Kein Mensch mochte wissen, wie es aussieht, wenn Hirnsubstanz auf den Asphalt läuft wie Eigelb aus einem zertrümmerten Frühstücksei. Die Kunden wollten weder Angst noch Unbehagen, sie wollten Sicherheit. Es würde laufen wie immer, dachte Jens Jansen: Elisabeth Pukka würde eine Alternative vorschlagen, die das Sicherheitsbedürfnis der Kunden ansprach. Tatsächlich lag der Entwurf schon auf ihrem Schreibtisch. Anstelle des abgedroschenen ironischen Appells benutzte sie Ikonen des schwedischen Sozialstaats: Eine Vorstadt-Baustelle aus den Fünfzigerjahren, wo behelmte Bauarbeiter sich um einen Architekten und dessen Pläne scharen. Der legendäre Eishockeyspieler Sven Tumba, natürlich mit Helm, im Nahkampf mit einem helmlosen Kanadier. Oder der Firmengründer Klas Blom mit dicker Hornbrille und dem ersten Prototypen auf dem Kopf. Man schrieb das Jahr 1980, und das Modell wurde »Boje« genannt, weil es aus knallrotem Polystyrol war. Im Gegensatz zu den meisten Kollegen kannte Jens Jansen die Geschichte der Firma. Das lag daran, dass Klas Bloms erster Angestellter Björn Jansen hieß und Jens Jansens Vater war. Die Firma hieß damals Athena, nach der helmgeschmückten griechischen Göttin. In den Neunzigerjahren war Athena unbestrittener Marktführer in Schweden. Nach der Jahrtausendwende ließ Blom sich überreden, sein Lebenswerk an eine Investmentfirma der Wallenberg-Gruppe zu verkaufen. Bei dieser Gelegenheit ging Jens Jansens Vater in den Ruhestand und verbrachte seine Tage fortan auf dem Golfplatz von Marbella. Seine Aktien und den Posten im Vorstand behielt er, aber die langweiligen Vorstandssitzungen ließ er gerne aus.

Nachdem mehrere Kinder sich mit den Riemen der Helme stranguliert hatten und Klas Bloms Nachfolger, ein junger Hitzkopf, sich im Fernsehen bis aufs Blut blamiert hatte, beschloss der Vorstand, das alte Warenzeichen vom Markt zu nehmen. 2002 wurde die Firma auf den nichtssagenden Namen Helm Tech umgetauft. Kurz darauf wurde Klas Blom auf einem Zebrastreifen von einem Radler angefahren und schlug so fest mit dem Kopf auf den Asphalt, dass er an den Folgen verstarb. Der Radfahrer trug einen Helm von Helm Tech und kam mit Schürfwunden davon.

Elisabeth Pukka fand, die Zeit sei nun reif, die Vergangenheit des Unternehmens wiederzubeleben. Ihr Slogan lautete: »Wir Schweden haben Sicherheit stets ernst genommen.« Eine geniale Idee. Alles, was Elisabeth Pukka tat, war genial. Sie brachte ihren nach Sicherheit dürstenden Landsleuten das schwedische Modell in Form massenproduzierter Fahrradhelme zurück. Jeder Idiot sah, dass ihr Vorschlag Klassen besser war. Jens Jansen wusste genau, wie es laufen würde. Stefan York würde zunächst den Beleidigten spielen, weil sein Entwurf abgelehnt wurde. Als Kompensation würde er dafür sorgen, dass er persönlich den neuen Vorschlag der Firmenleitung präsentieren durfte.

»Schließlich sind wir ein Team, oder?«, würde er sagen.

Bei der Präsentation würde er die Lorbeeren für Elisabeth Pukkas brillanten Einfall allein kassieren. Seine Vorgesetzten würden ihm auf die Schulter klopfen, während Elisabeth Pukka mit hochrotem Kopf die Kaffeetassen vom Konferenztisch räumte. Natürlich durfte die Bemerkung nicht fehlen:

»Was wären wir nur ohne dich, Elisabeth?«

Sie würde angestrengt lachen und mit Tränen in den Augen den Konferenzraum verlassen. Der Alte würde ihr hinterherschauen, um einen Blick auf ihren prallen Hintern zu erheischen, ehe er sich wieder der Männerrunde zuwendete.

»Gute Arbeit, Jens«, würden sie zum Schluss sagen und auch ihm fest auf die Schulter klopfen. Schließlich war er der Chef der PR-Abteilung, auch wenn er nie etwas tat. Er würde verlegen lächeln und hoffen, dass seine Schauspielerei weiterhin Früchte trug.

Jens Jansen starrte in das leere Büro. In der nächsten Stunde würde es sich mit Schattenfiguren füllen, die mit leblosen Augen einander Guten Morgen wünschten. Stefan York würde mit seinem »Wassup!?« zur Tür hereinstürmen. Die Luft würde geschwängert werden von Parfüms und Aftershaves, von Telefonklingeln und Computergeräuschen. Die Drucker würden rattern und hohe Absätze über den Korridor klackern. Dokumente würden sortiert werden und in Ordnern verschwinden. Der bloße Gedanke, einen weiteren Tag an diesem Ort zu verbringen, schnürte Jens Jansen den Magen zu. Er atmete tief ein, stieß die Luft durch die Nase aus und sah auf die Uhr. 7.16 Uhr. Je näher der Moment kam, in dem Gunnar Lidén seine Passierkarte vor den Türöffner halten und den Code eingeben würde, desto höher stieg Jens Jansens Puls. Seine Hände waren schweißnass. Wie ein Speedjunkie sprang er zur Lounge und warf zwei Kronen in den Kaffeeautomaten. Dann ging er mit dem dampfenden Becher an seinen Arbeitsplatz. 7.19 Uhr. Er bekam den Kaffee kaum hinunter.

Die Augen brannten, ihm wurde schwindlig. Es war, als wäre plötzlich aller Sauerstoff im Raum verbraucht. Der Gedanke an Arbeit rief Symptome in seinem Körper hervor, die den Folgen einer Vergiftung glichen. Es schnürte ihm die Kehle zu, seine Zunge fühlte sich an wie eine Tennissocke, und sein Herz raste wie der Zeiger einer altmodischen Stoppuhr. Er schnaufte laut. Sekunden später tropfte ihm Blut aus der Nase auf die Schreibunterlage. Erschrocken wischte er mit dem Handrücken darüber. Es war 7.28 Uhr, und der Aufzug setzte sich in Bewegung. Jens Jansen hyperventilierte. Schweiß lief ihm übers Gesicht und mischte sich mit dem Blut auf seiner Oberlippe, er sah doppelt. Wie gelähmt starrte er zur Eingangstür. Er blinzelte hektisch und sah den Aufzug im sechsten Stock ankommen. Das laute »Pling« riss ihn aus der Starre, und als Gunnar Lidén aus dem Aufzug trat und über den Steg schritt, war auf Jens Jansens Schreibtisch nur noch eine Tasse dampfender Kaffee zu sehen, der den Duft frisch gemahlener Arabicabohnen verströmte. Die Tür fiel hinter Gunnar Lidén zu, Schritte hallten durch die Bürolandschaft. Von seinem Versteck unter dem Schreibtisch blickte ein panischer Jens Jansen direkt auf ein Paar frisch geputzter Schuhe. Gunnar Lidén zog ein sauber gefaltetes Taschentuch aus der Hosentasche, wischte die Blutstropfen vom Schreibtisch und steckte das Tuch ebenso sauber gefaltet wieder ein. Er räusperte sich und ging an seinen Arbeitsplatz, ohne den Mann in dem staubigen Anzug zu bemerken, der unter dem Tisch kauerte.

Intel inside

Mit zitternden Händen schloss Jens Jansen die Tür zur Abstellkammer und sank zu Boden. Sein Hemd war blutbefleckt; er zog die Nase hoch und schluckte einen blutigen Schleimklumpen hinunter. Dann wischte er sich den Schweiß von der Stirn. Um ein Haar wäre er aufgeflogen und wieder in die alte Tretmühle geraten. Er schüttelte den Kopf. Was war bloß in ihn gefahren? Es gab keinen Weg zurück. Sich selbst hätte er vielleicht noch was vormachen können, aber nicht seinem Körper. Der hatte überdeutliche Signale gesendet und endgültig beschlossen, nie wieder auf einem Bürostuhl zu sitzen und auf einen Bildschirm zu starren. Arme und Beine hatten gekribbelt, jede Muskelfaser war zur Flucht bereit gewesen, bis er sich nicht mehr ausgehalten hatte. Im Schutz der Trennwände war er an der Wand entlanggekrochen. Kurz vor der Tür hatte er Elisabeth Pukkas Absätze heranklappern hören und sich noch einmal unter einen Schreibtisch geduckt, bis die Duftwolke aus frischer Luft, Parfüm und einer langen Nacht in der Kneipe vorübergezogen war. Sobald sie an ihm vorbei war, war er unter dem Schreibtisch hervorgerollt und geduckt hinter die Yuccapalme gehechtet. Am anderen Ende des Büros sprachen Elisabeth Pukka und Gunnar Lidén leise miteinander. Rötliches Morgenlicht schien durch die Fenster und enthüllte jeden Asbestpartikel in der Luft. Er vergewisserte sich, dass niemand ihn sah, öffnete die Tür und schlüpfte in sein Versteck. Jens Jansen seufzte erleichtert, doch sein seliges Lächeln verwandelte sich mit einem Mal in eine entsetzte Grimasse.

»Scheiße! Der Brief.«

Draußen im Postfach lag der Brief an Mari und würde bald in den Versand gehen. Morgen würde sie ihn öffnen und erfahren, dass er noch am Leben war, und das würde alles nur komplizierter machen.

Besser, sie glaubt, ich sei tot, dachte Jens Jansen – sowohl für ihn als auch für sie. Dann würden die Erinnerungen an die guten Zeiten allmählich stärker werden, wie meistens, wenn jemand stirbt, und sie müssten nicht erleben, wie ihre irreparable Beziehung zerbröckelte, bis nichts mehr davon übrig war. Schock und Tragödie waren besser. Sie würde jede Menge Zuwendung von Freunden und Familie erfahren und ihren Weg gehen. Wenn er für tot erklärt würde, könnte sie endlich die gemeinsame Wohnung verkaufen, den Kredit abbezahlen und wäre frei. Auch er wäre damit jede Verantwortung los. Von einem Toten erwartet niemand Erklärungen. Wenn Jens Jansen sein Leben als freies Radikal in der Schattenwelt der Dienstleistungsgesellschaft fortsetzen wollte, war er gezwungen, den Brief abzufangen, den er in einem Augenblick der Schwäche geschrieben hatte. Zu seinem eigenen und zu Maris Wohl. Es war vorbei, und das war auch gut so, dachte Jens Jansen.

Snap! Crackle! Pop!

Es sah aus, als hätte jemand einen Sack Mehl über dem Postboten ausgeleert. Haare, Gesicht und die blaue Uniform waren mit feinem weißen Pulver bedeckt. Der Postbote blinzelte frenetisch, Tränen liefen ihm über die Wangen und hinterließen sichtbare Furchen. Er stand auf dem Parkplatz neben dem Postauto, dessen Motor noch lief. Neben ihm standen zwei Wachleute des Sicherheitsdienstes, der in Infra City die permanent unterbesetzte Polizei von Upplands Väsby ersetzte.

»Im Aufzug stand eine schwarze Gestalt. Zuerst habe ich sie gar nicht bemerkt, aber als die Tür zuging, hat er mir mit einem Feuerlöscher ins Gesicht gesprüht, dass ich nichts mehr sehen konnte.«

Die Wachleute notierten seine Aussage.

»Wie ging's weiter?«, fragte einer der beiden, ein großer, breitschultriger Mann mit akkurat getrimmtem Bart und einer viel zu engen, grauen Uniform.

Der Postbote, der trotz der Jahreszeit noch immer kurze Hosen trug, hustete und fuhr fort:

»Ich konnte nicht sehen, ob er bewaffnet war. Als wir unten waren, befahl er mir, den Aufzug zu verlassen, und schubste mich hinaus.«

»Was ist mit dem Postsack geschehen?«

»Der ist im Aufzug geblieben.«

»Zusammen mit dem Mann, der wieder nach oben fuhr?«

»Na ja, ich habe ja nichts gesehen, aber es hat sich so angehört. Kann aber auch sein, dass er sich gleich verdrückt hat.«

»Und der Postsack ist verschwunden?«

»Nein, den habe ich im Aufzug wiedergefunden. Aber der Typ war verschwunden.«

»Vermissen Sie irgendetwas? Handy? Brieftasche?«

»Nein, alles da. Zuerst dachte ich, er hätte meine Passierkarte geklaut, aber die lag auch im Aufzug. Ist vermutlich im Tumult abgerissen, weiß nicht.«

»Sonst fehlt nichts?«

»Das ist ja das Merkwürdige. Ich weiß nicht, was er von mir wollte.«

Er zögerte kurz, dann zog er ein paar Fünfhunderter und einen Zettel aus der Tasche.

»Der Typ hat mir zweitausend Kronen zugesteckt. Und das hier.«

Er zeigte den Wachleuten einen neongrünen Post-it-Zettel, auf dem mit Filzstift geschrieben stand: »Entschuldigung, ich hatte keine Wahl.«

»Offenbar war ich Opfer eines umgekehrten Raubüberfalls. Gibt es dafür einen juristischen Ausdruck?«

»Sind Sie sicher, dass Sie das Geld nicht schon vorher in der Tasche hatten?«

»Absolut. Er muss es mir zugesteckt haben.«

Die Wachleute starrten einander ungläubig an.

»Könnten Sie ihn beschreiben?«, fragte einer der Wachmänner.

»Es ging ja alles so schnell und ich hatte Pulver in den Augen. Aber er war ganz in Schwarz gekleidet. Und ich glaube, er trug eine Maske.«

»Was für eine Maske?«, fragte der große Wachmann, während der andere den leeren Feuerlöscher untersuchte.

»So eine, die man beim Skifahren trägt. Eine Skimaske.«

»Wie ein Ninja?«

»Ja, so könnte man es beschreiben. Ein Ninja.«

»Ein Büro-Ninja.«

Der Postbote sah den Wachmann verwirrt an.

»Büro-Ninja? Gibt es so etwas?«

»Ja, seit heute.«

Unleash the beast

Es war nur eine Frage der Zeit, bis die Polizei sich melden würde. Am Donnerstag, dem zwölften Oktober, um kurz nach zehn war es so weit. Es war ein nasskalter Tag, die Regenwolken spiegelten sich in der Fassade des Scandic Hotels. Der Asphalt war schwarz und nass, und die Autos waren von einer grauen Schmutzschicht bedeckt. Doch das kümmerte Jens Jansen nicht, der in seiner fensterlosen Abstellkammer in dem immer gleichen Klima auf der Luftmatratze lag. Auf einem Plattenspieler drehte sich eine Vinylscheibe, die leise schwedische Vogelstimmen abspielte. Ein kleiner Wasserfall plätscherte aus einem kitschigen Plastikbrunnen. Das alles waren Geschenke von Yussuf Said, genau wie die abgenutzten Orientteppiche auf dem Boden. Das Lämpchen von Gunnar Lidéns Anschluss blinkte, und Jens Jansen nahm den Hörer ab, um das Gespräch mitzuhören. Am anderen Ende der Leitung war ein müder Polizeiinspektor, der Probleme mit den Polypen oder mit Übergewicht hatte, vielleicht auch beides.

»Geht es um den Überfall von gestern?«, fragte Gunnar Lidén.

»Nein. Was für ein Überfall? Wir suchen nach einem Vermissten. Arbeitet bei Ihnen ein Jens Jansen?«, sagte der Inspektor.

Jens Jansen schluckte und hielt den Atem an, aus Angst, dass man ihn hören konnte.

»Ja, er ist unser Brand Manager. Wenn es um PR oder Werbekampagnen geht, müssen Sie mit ihm sprechen«, sagte Gunnar Lidén. Jens Jansen sah ihn vor sich, wie er in seinem sauber gebügelten, hellblauen Hemd dasaß, glatt rasiert und kerzengerade. Gunnar Lidén gehörte zu der Sorte Mensch, deren Alter schwer zu bestimmen war. Seine Garderobe – stets mit Anzug und Stoffhose – widersprach dem kindlichen Äußeren. Es sah aus, als gehörten die Kleider nicht ihm. Der Mann strahlte eine Unsicherheit aus, die er mit aufgesetzter Autorität überspielte, doch keiner im Büro nahm ihn ernst. Gunnar Lidén hatte seine Rolle als Klassensprecher schon in der ersten Klasse angetreten und nie damit aufgehört.

»Wollen Sie damit sagen, dass Jens Jansen da ist?«, fragte der Polizist verwirrt.

»Einen Moment, bitte. Nein, er ist nicht am Arbeitsplatz, aber haben Sie es auf seinem Handy versucht?«

Der Polizist stöhnte.

»Also! Der Mann ist verschwunden. Seine Angehörigen haben seit Wochen nichts von ihm gehört oder gesehen.«

»Am besten, Sie schicken ihm eine Mail«, sagte Gunnar Lidén.

Der Polizist wurde langsam ungehalten. »Hören Sie, der Mann ist ver-schwun-den, und ich möchte wissen, wann er zuletzt an seinem Arbeitsplatz gesehen wurde. Wären Sie so nett, mir das zu beantworten?«

»Das liegt nicht in meiner Verantwortung als Office Manager. Sicherheitsfragen behandelt der Wachdienst, ich schlage vor, Sie wenden sich an die.«

Der Inspektor seufzte tief und erklärte noch einmal laut und deutlich, dass er von der Polizei sei, jenem exekutiven Organ, welches dafür sorge, dass die Gesetze eingehalten werden, notfalls mithilfe gesetzlich sanktionierter Gewaltanwendung.

»Das bedeutet«, erklärte er, »dass Sie meine Fragen entweder jetzt und hier am Telefon beantworten oder dass ich einen Streifenwagen vorbeischicke und Sie mit dem notwendigen Maß an Gewalt zur Wache bringen lasse. Sie haben die Wahl.«

»Sie wollen also wissen, wann ich Jens Jansen zum letzten Mal gesehen habe?« Gunnar Lidén hatte die Botschaft offenbar verstanden.

»Ja, genau.«

»Mal sehen…War er heute Morgen hier? Hm, auf jeden Fall stand auf seinem Schreibtisch eine Tasse Kaffee.«

»Aber haben Sie ihn gesehen?«

»Nein, wenn ich genau darüber nachdenke. Gesehen habe ich ihn nicht.«

»Erinnern Sie sich, wann Sie ihn zum letzten Mal gesehen haben?«

»Nein, das weiß ich nicht.«

»Hat er sich krankgemeldet, Urlaub genommen oder sonst wie mitgeteilt, warum er nicht zur Arbeit kommt?«

»Einen Augenblick. Da muss ich im System nachsehen.« Gunnar Lidén öffnete den Personalkalender und blätterte. »Nein, es sind weder eine Krankmeldung noch Urlaub eingetragen.« Er stutzte. »Aber laut Eingangskontrolle ist er jeden Tag hier gewesen.«

Der Polizist räusperte sich.

»Seine Freundin hat doch bei Ihnen angerufen!«

»Ja, möglich.«

»Dann müssten Sie doch wissen, dass er vermisst wird, oder?«

»Ähm, jetzt, wo Sie es sagen…«

»Dann hören Sie gefälligst mit der Wichtigtuerei auf

und helfen Sie mir. Oder wollen Sie unsere Ermittlungen sabotieren?«

Gunnar Lidén verstummte.

»Vielleicht wäre es besser, wenn Sie mit jemandem aus seinem Team sprechen. Ich verbinde Sie mit Elisabeth Pukka.«

Der Polizist murmelte etwas Unverständliches, dann klickte es in der Leitung, und das Lämpchen erlosch. Stattdessen blinkte die Diode neben Elisabeth Pukkas Namen. Gleich darauf hörte Jens Jansen ihr melodiöses Finnlandschwedisch sowie den pfeifenden Atem des Inspektors.

»Es gab eine Versammlung im Raum Delta. Alle waren da, außer Jens. Ich bin nach oben gefahren, um ihn zu suchen, aber er war weg. Seine Jacke hing an der Garderobe, deshalb dachte ich, er sei nur auf die Toilette gegangen.«

»Und seit diesem Tag haben Sie ihn nicht mehr gesehen?«

»Genau. Er ist nicht zur Versammlung erschienen. Ich dachte, er sei vielleicht krank geworden und nach Hause gefahren.«

»Aber Sie sind sicher, dass er an diesem Morgen im Büro war?«

»Ja, ich weiß genau, dass seine Jacke in der Garderobe hing.«

»Und die Jacke? Hängt sie immer noch dort?«

»Ja, sie hängt immer noch da. Es war ziemlich warm an diesem Tag, da dachte ich, er sei ohne Jacke heimgegangen.«

»Hat Jens Jansen je davon gesprochen, dass er in Lappland wandern will?«

»Schon möglich. Obwohl er nicht gerade ein Outdoor-Typ ist. Aber man weiß ja nie.«

»Er hat Fahrkarten nach Abisko bestellt, und sein Handy wurde in der Gegend des dortigen Nationalparks geortet.«

»O weh. Meinen Sie, er könnte sich verirrt haben?«

»Das ist möglich. Allerdings hat er seine Kreditkarte seit dem 18. August nicht mehr benutzt, und das war hier in Stockholm. Wir müssen zuerst herausfinden, wo er zuletzt gesehen wurde.«

»Verstehe. Tut mir leid, dass ich Ihnen nicht weiterhelfen kann.«

»Sie waren eine große Hilfe, vielen Dank!«, sagte der Inspektor und legte auf.

Danach rief er noch einmal Gunnar Lidén an und teilte ihm mit, dass er am nächsten Tag vorbeikommen werde, um Jens Jansens Arbeitsplatz zu untersuchen, seinen Computer zu beschlagnahmen und weitere Angestellte zu befragen. Zu diesem Zweck würde er gerne ein Konferenzzimmer buchen. Der Polizist verabschiedete sich, und die Lämpchen der Telefonanlage erloschen. Jens Jansen legte vorsichtig auf, strich sich übers Kinn und grübelte. Jetzt wurde es ernst. Er war als vermisst gemeldet.

Um 16.30 Uhr blinkte Stefan Yorks Anschluss. Jens Jansen nahm den Hörer ab.

»Nein, nein! Zieh ihn raus, Meister. Er ist zu groß.«

Ein junges Mädchen schluchzte ins Telefon. Stefan York antwortete mit erregter und verbissener Stimme.

»Warum hast du deine Hausaufgaben nicht gemacht, du dreckige, kleine Schlampe?«, zischte er. »Du zwingst mich, meinen siebenundzwanzig Zentimeter langen Schwanz in dein enges Arschloch zu stecken.«

»Nicht! Das kannst du nicht tun, ich bin Schulsprecherin.«

»Halt's Maul!«, bellte Stefan York. »Und spuck den Hubba Bubba aus, damit ich dich in den Mund ficken kann.«

»Bitte nicht, lieber Meister«, jammerte das Mädchen.

»Ich werde ihn so tief reindrücken, dass du keine Luft mehr kriegst. So ergeht es kleinen, ungezogenen Huren wie dir«, keuchte der Mann außer Atem.

Das Mädchen stöhnte und wimmerte.

»Ich sage es dem Direktor. Mein Papa kennt den Direktor!«

»Weißt du, was ich dann mache, du freches, kleines Luder?«, flüsterte Stefan York erregt.

»Ja, bestrafe mich. Du hast mir schon die Strumpfhose zerrissen und mich von hinten gefickt, und dann steckst du mir dein Riesending noch tief in den Rachen, bis ich würge. Sag nicht, dass du ihn mir ins Gesicht schlagen willst?«

»Genau das habe ich vor!«

»Ich schwöre, dass ich das nächste Mal die Hausaufgaben mache, Meister. Ich tue alles, was du verlangst.«

»Du hast deine Chance gehabt. Denk lieber an deine Zukunft, statt jeden Abend mit der Eishockeymannschaft rumzuhuren.«

»O nein, spritz mir nicht ins Gesicht. Nimm lieber meine großen Brüste. Du wirst doch nicht an meinen langen, blonden Haaren ziehen und mich zwingen, es aufzulecken?«

Stefan York stöhnte laut auf, und das Gespräch brach mit einem Klicken ab.

»Hallo?«, sagte das Mädchen. »Bist du noch da, Meister?«

»Hallo«, antwortete Jens Jansen, der sich nicht beherrschen konnte.

Solutions for a small planet

Es war nicht einfach zu erklären, wie die Situation zustande gekommen war.

»Okay. Du hörst also die Gespräche von einem anderen Zimmer aus mit?«, fragte das Mädchen.

»Genau.«

»Weiß das der andere Mann?«

»Nein. Keiner weiß es. Mit der Telefonanlage kann ich alle ein- und ausgehenden Gespräche der Firma mithören«, flüsterte Jens Jansen.

»Macht dich das an? Stehst du darauf, anderen beim Sex zuzuhören?«

Jens Jansen räusperte sich geniert.

»Ob mich das anmacht?«

»Ja.«

»Nein, ich tue das nur aus Langeweile.«

»Hast du denn nichts zu tun bei der Arbeit?«

Er zögerte.

»Nein. Ich habe … aufgehört zu arbeiten.«

»Warum bist du dann noch im Büro? Hast du kein Leben?«

»So könnte man es sagen.«

»Wie?«

»Ich habe mein altes Leben beendet und ein neues begonnen. Ich verstecke mich an meinem Arbeitsplatz. Ich wohne heimlich hier.«

Nach jeder Minute piepte es in der Leitung, um die Kunden darauf aufmerksam zu machen, dass die Zeit verstrich. Und die kostete ihr Geld, genau gesagt 19,90 Kronen pro Minute. Geld, das auf die Telefonrechnung von Helm Tech ging, die am Ende des Monats auf Gunnar Lidéns Schreibtisch landen würde.

»Du wohnst also an deinem Arbeitsplatz?«, fragte sie skeptisch.

»Du bist die Einzige, die das weiß. Du und ein Reinigungsmann aus dem Irak.«

»Von wo rufst du an?«

»Kannst du die Nummer nicht sehen?«

»Nein, hier gehen alle Anrufe anonym ein.«

Jens Jansen schwieg und kritzelte Figuren auf seinen Block. Letztendlich hatte er keine Ahnung, wer der Mensch am anderen Ende der Leitung war.

»Vertraust du mir nicht?«, fragte sie.

»Ich weiß nicht. Es ist doch dein Job zu lügen?«

»Ach, du hast ja keine Ahnung«, lachte sie.

»Was habt ihr da eigentlich geredet? Will der immer so einen Blödsinn? Dir wehtun und so?«

»Das wollen sie alle. Vergewaltigungen sind meine Spezialität.«

Jens Jansen kicherte verlegen. Für ihn klang das absurd.

»Geht es dir hinterher nicht schlecht? Das ist doch unheimlich, was der dir antun will.«

»Mir? Das tut er nicht mir an. Er projiziert nur seine Fantasien auf meine Stimme. Alles spielt sich in seinem Kopf ab. Ich helfe nur ein bisschen nach.«

»Aber«, protestierte Jens Jansen, »das war doch echt widerlich, was er gesagt hat. Macht dich das nicht traurig?«

Die unbekannte Frau seufzte.

»Du meinst, ich müsste mich als Opfer fühlen? Soll ich nach der Arbeit vielleicht heulend unter der Dusche stehen? Wenn du das denkst, glaube ich, dass *du* ein Problem mit Frauen hast.«

»Okay, Entschuldigung. Nein, ich glaube eher, der Typ hat ein Problem.«

Er hörte das Geräusch eines Feuerzeugs und das Knistern einer Zigarette. Dann blies sie Rauch in den Hörer.

»Schulmädchen vergewaltigen ist Mainstream«, erklärte sie mit ihrer hellen, affektierten Stimme. »Es ist wie mit Kommissar Beck. Keine Ahnung, warum der so beliebt ist.«

Wieder piepste es.

»Du weißt, dass das ziemlich teuer wird?«, sagte sie. »Da hängen noch welche in der Warteschleife, ich muss weiterarbeiten.«

»Warte! Kannst du nicht ein bisschen mit mir reden?«

»Warum sollte ich?«

»Es ist so lange her, dass ich mit jemandem geredet habe.«

Sie überlegte und zog an der Zigarette.

»Kommt drauf an.«

»Worauf? Sprichst du etwa lieber mit irgendwelchen Perversen als mit mir, einem ganz normalen Menschen? Jetzt bin ich aber beleidigt… Wie heißt du noch mal?«

»Habe ich noch nicht gesagt. Aber du kannst mich Nina nennen.«

»Okay, Nina.«

»Nimm es nicht persönlich, aber die Perversen sind wenigstens eine Art intellektuelle Herausforderung. Schließlich muss ich Geschichten erfinden, die ihre kranken Fantasien leiten. Ich muss mein ganzes Schauspieltalent einsetzen. Small Talk ist nicht mein Ding, dafür kann ich auch meine Mutter anrufen.«

»Gut, ich werde mein Bestes tun.«

»Ja, streng dich an. Was kann schon unterhaltsamer sein als einer, der gefesselt und von einem Riesenkaninchen gefickt werden will?«

»Gibt es das?«

»O ja. Und noch eins: Du darfst nicht fragen, wer ich wirklich bin. Ich hasse Naturalisten.«

»Welche Naturalisten?«

»Ich meine die, die unbedingt herausfinden wollen, wer ich bin. Sie wollen nicht mit Nina reden, sondern wissen, wo ich wohne, arbeite oder zur Schule gehe. Dann wollen sie mich in real life treffen, damit ich sehe, was für tolle Kerle sie sind.«

Jens Jansen hörte aufmerksam zu. Er wollte nicht riskieren, als Naturalist zu gelten, was immer das war. Nina fuhr fort:

»Naturalisten sind misstrauisch und veranstalten ein regelrechtes Verhör. Sie wollen wissen, ob ich auch wirklich geil bin.« Nina verstellte die Stimme: »*Bist du gleichzeitig mit mir gekommen? Ich will, dass die Frau genauso viel davon hat.* So reden sie. In Wirklichkeit wollen sie nur Macht ausüben.«

Sie nahm einen tiefen Zug aus der Zigarette. Jens Jansen räusperte sich und sagte:

»Ich verspreche, dass ich keine solchen Fragen stellen werde. Ich will einfach nur reden…« Er stockte. Hoffentlich hatte er nichts Naturalistisches gesagt! »Also, *ich* rede normal, meine ich. Wer du bist, spielt keine Rolle. Von mir aus könntest du Oma Duck sein.«

Sie unterbrach ihn.

»Sie bilden sich ein, dass ich wirklich hier liege und angeturnt bin. Dass ich wegen ihnen wie in einem Porno stöhne und komme. Fake könnten sie nicht ertragen.«

»So was.«

»Das ist Selbstbetrug im fortgeschrittenen Stadium, verstehst du?«

»Ich weiß nicht…«

»Sie wollen Beweise dafür, dass eine arme Studentin, die für Geld in den Hörer stöhnt, sie wirklich begehrt.«

»Okay…«

»Das sind Kontrollfreaks, verstehst du?«

»Ja.«

»Und weißt du, was das Schlimmste ist?«

»Nein.«

»Die Naturalisten werden immer mehr.«

»Klingt anstrengend.«

»Sie merken sich alles und verlangen Bilder und Videos. Manche wissen genau, welchen Slip ich angeblich trage oder ob ich rasiert bin.«

»Schickst du ihnen Bilder?«

»Wenn sie dafür bezahlen.«

»Bezahlen?«

Sie lachte. »Natürlich keine echten Bilder von mir. Ich lade sie aus dem Internet runter. Manche wollen auch Slips per Post.«

»Im Ernst?«

»Ja, das lohnt sich richtig. Sie zahlen im Schnitt zweitausend Kronen, um an alten Unterhosen zu riechen, die ich beim Sport getragen habe. Mit Menstruationsblut sogar dreitausend.«

Jens Jansen hatte längst aufgehört, die Piepser zu zählen. Er blieb am Hörer, bis Nina Hunger bekam und sich etwas kochen wollte. Er zögerte, aber dann fragte er:

»Du, telefonieren wir noch mal wieder?«

Doch es war zu spät. Die Leitung war tot.

Come to Marlboro country

Jens Jansen hatte es sich auf dem Kabelsteg so bequem wie möglich gemacht und eine Deckenplatte vorsichtig zur Seite geschoben. Durch den schmalen Spalt drang ein Streifen Neonlicht aus dem Konferenzzimmer. Unter ihm saß Polizeiinspektor Leif Sundin, ein übergewichtiger Mann in einem hellblauen Hemd mit Schulterklappen, die von seinem Dienstgrad zeugten, und großen Schweißflecken, die von seiner Transpiration zeugten. Sein Atem rasselte asthmatisch. Auf dem Tisch vor ihm lagen ein Kassettenrekorder, ein Haufen Kassetten, ein Notizblock und ein Asthmaspray. Sein Gesicht war rund, rötlich und aufgedunsen. In seiner Brusttasche steckte ein Päckchen Zigaretten, und dem Husten nach zu urteilen, war die Verengung seiner Atemwege chronisch. Sein Walross-Schnurrbart war gelb vom Nikotin, und seinem massigen Körper entströmte ein Duftmix von Schweiß und Asche. Der Inspektor hatte den ganzen Tag geduldig die Angestellten von Helm Tech zum mysteriösen Verschwinden ihres Kollegen befragt. Nun wollte er noch einmal Teile des Materials anhören, bevor er nach Hause ging. Der Polizist steckte eine Kassette in das Gerät und drückte auf Play. Eine leise, tief deprimierte Stimme tönte aus dem Lautsprecher:

»Jens Jansen ist ein unerhört einsamer Mensch. Lebensmüde. Ich glaube, leider, dass er sich das Leben genommen hat. Selbstmord ist weiter verbreitet, als man denkt.«

Der Inspektor spulte das Band vor und drückte erneut auf Play. Eine Frauenstimme erklang, aber Jens Jansen konnte sie aus seiner Position nicht identifizieren.

»Haben Sie keine Pistole?«

»Nein. Kriminalpolizisten tragen nur im Fernsehen Waffen. Ich bin hier, um Fragen zu stellen, nicht, um Leute zu erschießen.«

Der Inspektor schnaubte und spulte weiter.

»Es besteht kein Zweifel, dass er homosexuell ist...«, sagte eine Männerstimme.

Der Inspektor seufzte und spulte weiter.

»Der hat bestimmt eine junge, frische Braut gefunden und sich ins Ausland abgesetzt...«

Das war Andersson aus dem Verkauf. Jens Jansen erkannte ihn deutlich an seinem Göteborger Dialekt.

Der Inspektor bekam einen Hustenanfall, setzte den Inhalator an und atmete tief ein, bevor er weiterspulte. Aus dem Lautsprecher kamen Ahörnchen- und Behörnchen-Stimmen, bis er wieder auf Play drückte und Stefan York an der Reihe war.

»... Serienmörder verarbeiten meistens irgendein Kindheitstrauma. Wenn einer zum Beispiel Kleider aus Menschenhaut macht, kann das heißen, dass er eine Frau sein möchte.«

»Interessante Analyse«, antwortete die Stimme des Inspektors ohne jede emotionale Regung. »Sie vermuten also, dass jemand aus Jens Jansens Haut ein Kleid genäht hat?«

»Das war doch nur ein Beispiel«, sagte Stefan York, der die Ironie des Inspektors nicht verstand. »Der Mörder kann auch auf andere Dinge fixiert sein. Zeit, zum Beispiel.«

»Zeit?«

»Ja. Pünktlichkeitsfanatiker sind typische Serienmörder. Sie sind von Recht und Ordnung besessen.«

»Verstehe.«

»Jens Jansen war nie besonders pünktlich, er kam oft zu spät. Manchmal erschien er gar nicht zu Besprechungen oder anderen Terminen.«

»Sie meinen, er könnte damit seinen Mörder gereizt haben?«

»Ja, genau. Man findet die Leiche irgendwo im Gestrüpp am Straßenrand, die Arme wie Uhrzeiger ausgerichtet. Sehen Sie, das wäre neun Uhr.«

»Hm, aus meiner Perspektive ist das drei Uhr.«

»Oh. Ich meine natürlich, andersherum.«

»Und wer, bitte, sollte ein Motiv haben, Jens Jansen zu ermorden und wie eine Uhr ins Gestrüpp zu legen?«

»Einer, der es sehr genau nimmt mit der Zeit«, sagte Stefan York nachdenklich. »Einer, der keinerlei Verspätung duldet.« Er flüsterte: »Vielleicht ist Jens Jansen noch nicht tot. Vielleicht wird er in einem Keller gefangen gehalten und muss eine Uhr anstarren, die seine letzten Stunden zählt. Vielleicht wird die Obduktion zeigen, dass er auf die Sekunde um neun Uhr morgens starb!«

Die Stille auf dem Band sprach Bände.

»Ja, Serienmörder drücken durch die Todesart ihrer Opfer oft etwas aus«, erklärte Stefan York.

»Und in diesem Fall ist das die Uhrzeit?«, fragte der Inspektor.

»Genau!« Stefan York schnippte mit den Fingern. Jens Jansen wusste, dass er beide Zeigefinger auf den Polizisten richtete. Die Geste hatte er von seinem Lieblingsschauspieler Tom Cruise abgeguckt.

»Weil der Mörder auf diesen Zeitpunkt fixiert ist?«, fragte der Inspektor weiter.

Der Kassettenrekorder surrte.

»Na ja, es könnte auch eine andere Uhrzeit sein. Das werden die Ermittlungen zeigen. Mein Tipp ist, wie gesagt, in der Kindheit des Mörders nachzuforschen. Vielleicht hat er ja schlimme Dinge erlebt. Vielleicht war er auf einem Internat und wurde jeden Tag um die gleiche Zeit zum Rektor gerufen, und dann hörte man nur noch unterdrückte Schreie hinter der verschlossenen Tür.«

»Und was bedeuten die unterdrückten Schreie?« Der Inspektor blieb regungslos.

Stefan York räusperte sich verlegen. »Na ja, vielleicht hat er sich an ihm vergangen. Schrecklich, wie manche Menschen Machtpositionen ausnutzen. Ich werde richtig sauer, wenn ich daran denke.« Ein Knall unterbrach die Aufnahme, wahrscheinlich hatte Stefan York die Faust auf den Tisch geschlagen. »Ich will ja niemanden anschwärzen, aber es gibt hier eine Person, die ein ziemlich krankhaftes Verhältnis zur Uhr hat.«

»Wer denn?«

»Sie haben Gunnar Lidén kennen gelernt?«, flüsterte Stefan York.

»Habe ich das?«, fragte der Inspektor.

»Unser Office Manager. Er ist total besessen von Pünktlichkeit. Er kommt jeden Morgen um Schlag sieben Uhr dreißig. Um zehn Uhr auf die Sekunde trinkt er seinen Morgenkaffee.«

»Und Sie finden, das macht ihn verdächtig?«

»Soviel ich weiß, lebt er mutterseelenallein. Und er ist immer ordentlich gekleidet. Ordnung und Methode. Typisch Serienmörder. Und schauen Sie seine Frisur an. Der Typ sieht immer aus, als käme er gerade vom Friseur.«

»Und aus der Frisur schließen Sie, dass er in seiner Freizeit unschuldige Menschen ermordet?«

»Natürlich nicht. Aber an Ihrer Stelle würde ich ihn mir genau unter die Lupe nehmen. Ich habe so ein Gefühl, dass irgendwas mit dem nicht stimmt.«

Der Inspektor drückte die Stopptaste, lehnte sich zurück und studierte seine Aufzeichnungen. Dann nahm er sein Handy und wählte eine Nummer.

»Hallo, hier Sundin. Hast du noch was über diesen Jansen rausgefunden? Nichts? Nicht einmal ein Strafzettel?«

Er trommelte mit dem Kugelschreiber auf seinen Notizblock.

»Man könnte meinen, dass er überhaupt nicht existiert. Ich nehme seine Sachen mit auf die Wache, den Computer und so, dann sehen wir weiter.«

Leif Sundin stand auf und stopfte das Hemd in die Hose. Plötzlich hielt er inne, als würde er bemerken, dass er überwacht wurde. Er blickte sich in alle Richtungen um, und sein Augenmerk fiel auf eine lose Deckenplatte. Jens Jansen hielt die Luft an und schob sich lautlos zurück in die Dunkelheit. Der Inspektor räusperte sich und stieg mühsam auf einen Stuhl. Leif Sundin gehörte zu jenen Menschen, die den Anblick durchbrochener Symmetrie nicht ertrugen. Er seufzte erleichtert auf, als das Rautenmuster der Decke wieder intakt war.

Born to perform

Der Tag ging dem Ende zu. Leif Sundin hatte die Jacke angezogen und Jens Jansens Computer in einen Karton gepackt. Er war müde und langsam, und bei jeder Bewegung knarrte die schwere Lederjacke. Die Angestellten von Helm Tech beobachteten ihn neugierig, als er sich über den Schreibtisch ihres verschwundenen Kollegen beugte und alle Schubladen durchsuchte. Sie waren leer, abgesehen von einem Hefter und ein paar neonfarbenen Büroklammern. Alles sah unbenutzt aus. Er schlug einen Ringordner auf und stellte verwundert fest, dass er nur leere Seiten enthielt. Auch im zweiten Ordner, den er aus dem Rollschrank zog, waren nur weiße Blätter abgeheftet. Ebenso im dritten.

»Sieht aus, als hätte der Mann nur Büro gespielt«, murmelte er schulterzuckend. Mühsam hob er den Karton, in dem die wenigen persönlichen Dinge Jens Jansens lagen, und stapfte zur Tür. Der Tag hatte nicht viel gebracht. Im Aufzug zum Parkhaus resümierte er in Gedanken, dass Jens Jansen eine konturlose Büroratte war, die vor allem als Projektionsfläche der Ängste und Fantasien seiner Kollegen fungierte. Wäre er nicht bei den Behörden registriert, hätte man seine Existenz geradezu infrage stellen können. Jens Jansen war eine völlig transparente Persönlichkeit. Keiner der Befragten war in der Lage gewesen, individuelle Eigenschaften oder Interessen des Vermiss-

ten zu nennen oder sich an gemeinsame Erlebnisse zu erinnern. Nichts deutete darauf hin, dass irgendjemand ein
Motiv haben könnte, ihn zu ermorden oder zu kidnappen.
Hingegen sprachen diverse Umstände dafür, dass der
Verschwundene psychische Probleme hatte. Aus den Gesprächen mit den Kollegen und der Freundin schloss Sundin, dass Jens Jansen ein sehr einsames, isoliertes Leben
geführt hatte. Gebildete, ledige und kinderlose Männer
in seinem Alter steckten häufig ihre Energie in die Arbeit. Aber wie man an Jens Jansens Arbeitsplatz sah, traf
dies auf ihn nicht zu. Keiner der Kollegen konnte genau
sagen, was er eigentlich tat oder worin seine Aufgabe bestand. Noch verwirrender war, dass der Zeitpunkt seines
Verschwindens so schwer zu bestimmen war. Seine Passierkarte war weiterhin in Gebrauch. Noch heute Morgen,
um Punkt 7.28 Uhr, war sie am Haupteingang registriert
worden. Dasselbe gestern und vorgestern. Leif Sundin
nahm sich vor, die Aufnahmen der Überwachungskameras zu überprüfen, um herauszufinden, wer die pünkt-
liche Person mit der Karte des Verschwundenen war.
Wahrscheinlich hatte jemand seine Karte versehentlich
mit Jens Jansens Karte vertauscht.

Darüber hinaus hatte er keine Hinweise. Jens Jansens
Eltern waren seit Langem geschieden. Seine Mutter war
Ende der Neunzigerjahre gestorben, sein Vater lebte als
Rentner an der Costa del Sol und hatte seit Jahren keinen
Kontakt mehr zu seinem Sohn. Alles deutete darauf hin,
dass Jens Jansen nach Lappland gereist war, ohne seine
Angehörigen zu benachrichtigen. Das letzte Signal seines
Handys war aus der Nähe von Kiruna gekommen. Leif
Sundin hatte auf der Landkarte nachgeschaut und war
zu dem Schluss gekommen, dass Jens Jansen den Zug in
Richtung Abisko genommen haben musste. Den genauen

Fahrplan hatte er noch nicht recherchiert, aber schließlich hatte Jens Jansen am Tag zuvor eine Fahrkarte von Stockholm nach Kiruna gekauft und wenige Wochen davor eine komplette Campingausrüstung per Kreditkarte erworben. Höchstwahrscheinlich befand der Vermisste sich irgendwo im Nationalpark Abisko. Doch fünfunddreißig Jahre im Dienst hatten Leif Sundin gelehrt, keine übereilten Schlüsse zu ziehen. Er wusste nicht, ob Jens Jansen die Fahrkarte wirklich benutzt hatte. Das konnte genauso gut eine falsche Spur sein. Vielleicht wollte der Mann einfach verschwinden, dachte Leif Sundin. Jens Jansen hatte altmodische, gedruckte Fahrkarten bestellt, die per Post zugestellt und im Zug vom Schaffner abgestempelt werden. Vielleicht erinnerte sich ein Schaffner an den Fahrgast? Die Chance war gering, wenn nicht einmal Kollegen den unauffälligen Mann beschreiben konnten. Trotzdem musste er der Sache nachgehen. Morgen würde er bei der Bahn anrufen.

Der Polizist musterte ein altes Foto, das er von dem Vermissten hatte. Der Mann hatte mausgraues Haar, und das einzig Auffällige an ihm war die große, schwarze Ray-Ban-Brille, die heute wieder im Trend war, aber das Gesicht hinter den Brillengläsern nichtssagender machte. Wenn er sie abnahm, würde er vielleicht ganz verblassen.

Nur eine Angestellte wusste mehr über Jens Jansen zu sagen. Die junge Frau hieß Elisabeth Pukka und hatte ihren Kollegen mit einem Serienhelden verglichen. Offenbar war sie die Einzige in der Firma, die mehr als höfliche Phrasen mit Jens Jansen ausgetauscht hatte.

»Sie wissen schon, Supermans menschliches Alter Ego. Jens Jansen ist genau wie Clark Kent«, hatte sie gesagt.

»Das war einer meiner Lieblingscomics«, hatte er geantwortet.

»Persönlich mag ich Batman und Spiderman lieber. Superman ist mir ein bisschen zu altmodisch, er erinnert mich immer an einen Pfadfinder.«

»Haben Sie etwas gegen Pfadfinder?«

Elisabeth Pukka hatte die Frage ignoriert: »Aber Clark Kent finde ich viel interessanter als Superman.«

»Und was hat das mit Ihrem vermissten Kollegen zu tun?«

»Er *ist* Clark Kent.«

»Er ist Clark Kent?«

»Na ja, Superman ist doch ein Außerirdischer. Auf Krypton war es ganz normal, im Elastantrikot mit den Unterhosen obendrüber und mit Röntgenblick durch die Gegend zu fliegen.«

»Okay?«

»Krypton heißt der Planet, von dem er stammt.«

»Ich weiß.«

Das Ärgerliche an den jungen Leuten war, dass sie glaubten, man wäre selbst nie jung gewesen. Er hatte große Lust, ihr zu erklären, dass es Superman seit den Dreißigerjahren gab und er die kompletten Jahrgänge 1958 bis 1974 besaß, aber das verkniff er sich.

»Genau das unterscheidet Superman von Batman und Spiderman. Batman ist eigentlich Bruce Wayne, und Spiderman ist Peter Parker. Sie müssen ihre Verkleidungen anziehen, um Superhelden zu werden. Aber Superman ist immer Superman. Er muss sich verkleiden, um normal zu wirken.«

»Ja?«

»Als Superman auf die Erde kommt, muss er sich anpassen. Und was tut er? Er imitiert die Menschen.«

»Wollen Sie damit sagen, Jens Jansen wäre in Wirklichkeit ein Superheld, der die Menschheit retten soll?«

»Nein, nein. Ich meine, dass Jens Jansen eine Illusion ist. Er macht uns etwas vor. Die Person, die wir kennen, ist nicht Jens Jansen.«

»Ist dieser Jens Jansen ein Außerirdischer?«

»Genau. Wie Clark Kent in seinem Businessanzug. Er trägt sogar die gleiche Brille.«

The ultimate driving machine

Polizeiinspektor Leif Sundin nahm den Karton und folgte den Schildern zum Parkhaus. Mit großer Mühe öffnete er die Stahltür und bereute, dass er den silbergrauen Saab so weit weg geparkt hatte. Als er zwischen den Betonpfeilern hindurchging, hörte er jemanden rufen.

»Hallo! Warten Sie!«

Stefan York rannte auf ihn zu, von Kopf bis Fuß in eng anliegendes Lycra gekleidet, auf dem Kopf ein stromlinienförmiger Helm.

»Kommen Sie mal mit, das müssen Sie sehen!«

Inspektor Sundin stellte die Kiste auf der nächstbesten Motorhaube ab.

»Was wollen Sie?«

»Kommen Sie!«

Stefan York führte ihn zu einem bronzefarbenen BMW X3, dessen Heckklappe offen stand. Der Wagen war höchstens ein Jahr alt und bestens gepflegt.

»Wessen Auto ist das?«, fragte der Polizist.

»Gunnar Lidéns.«

»Haben Sie etwas angefasst?«

»Nein, natürlich nicht. Ich will doch keine Fingerabdrücke auf der Mordwaffe hinterlassen.«

»Aber die Heckklappe haben Sie aufgemacht, nehme ich an.«

»Ja, so weit habe ich nicht gedacht.«

»Was haben Sie an den Autos anderer Leute verloren?«

»Ich musste einfach nachsehen. Ich sagte Ihnen doch, dass ich so ein Gefühl hatte. Und nun sehen Sie selbst, der Beweis liegt vor Ihrer Nase!«

Im Kofferraum lagen verschiedene Werkzeuge ordentlich aufgereiht: ein lehmiger Spaten, Paketband, eine Rolle Müllsäcke, eine große Axt und ein Winkelschleifer ohne Scheibe.

Die Tür zum Parkhaus ging auf, Schritte hallten über den Beton. Hinter den zwei Männern, die nachdenklich in den Kofferraum seines Autos starrten, erschien Gunnar Lidén.

»Verzeihung?«, sagte er, und Stefan York drehte sich mit einem erschreckten Aufschrei um.

»Hat einer von Ihnen meinen Autoschlüssel mitgenommen?«, fragte Gunnar Lidén misstrauisch.

Stefan York sah den Kollegen voller Verachtung an und übergab dem Inspektor den Autoschlüssel.

»Da haben Sie den Mörder!«, zischte er, stieg auf sein Rennrad und machte sich aus dem Staub. Kriminalinspektor Leif Sundin seufzte, zuckte mit den Schultern und wandte sich Gunnar Lidén zu.

»Machen Sie sich nichts draus. Aber ich fürchte, Sie müssen trotzdem den Bus nach Hause nehmen.«

Er steckte den Schlüssel in die knarzende Lederjacke und ging zu seinem Dienstwagen, um Absperrband zu holen. Gunnar Lidén schwirrte wie ein Hornisse um ihn herum und protestierte lauthals, während der Inspektor erklärte, sein Auto sei ein möglicher Tatort und deshalb offiziell abgesperrt. Die Augen des Office Managers füllten sich mit Tränen, und sein sauber rasiertes Gesicht zuckte unkontrolliert. Leif Sundin sah ihn mit einer Mischung aus Mitleid und Befremdung an. Für diese Kategorie Mann war das Auto weit mehr als ein Fortbewegungsmittel, es war Teil seiner physischen Erscheinung. Diese Sorte Mann war egozentrisch und rastlos, hatte kein Sozialleben. Die meisten waren passiv und verklemmt. Anstatt am Arbeitsplatz Dampf abzulassen, lebten sie ihre Aggressionen in Chrom- und Blechmonstern aus. Nicht umsonst erinnerten die Kühlergrills vieler Modelle an aufgesperrte Raubtierrachen. Die meisten SUV-Fahrer wollten ihre Mitmenschen erschrecken und von der Straße scheuchen. Ohne ihr Auto waren sie nichts. Die armselige Gestalt, die in hoch über die Hüfte gezogenen Chinos und hellblauem Hemd neben dem Inspektor stand und mit den Armen fuchtelte, bestätigte diese These.

»Tut mir leid«, sagte Leif Sundin, »aber die Jungs aus dem Labor müssen erst ein paar Proben entnehmen. Eine reine Formalität, aber der Wagen darf nicht bewegt werden.«

Blitzschnell schlüpfte Gunnar Lidén unter dem Absperrband hindurch und riss die Autotür auf. Er sprang hinters Steuer, knallte die Tür zu und schnallte sich an. So blieb er schmollend sitzen. Kriminalinspektor Leif Sundin war ungerührt. Er streckte die Hand zum Türgriff, aber Gunnar Lidén hatte den Wagen verriegelt.

»Geben Sie mir den Zündschlüssel!«, brüllte er von innen.

»Sie befinden sich innerhalb einer Polizeiabsperrung. Damit machen Sie sich strafbar gemäß Strafgesetzbuch, Kapitel 27, Paragraf 15. Bitte verlassen Sie unmittelbar die Absperrung«, sagte Leif Sundin emotionslos.

»Ich gehe nirgendwohin, hören Sie? Nirgendwo!«

»Ich fordere Sie auf, unverzüglich auszusteigen.«

»Ich bezahle ein Heidengeld für dieses Auto. Allein das

Leasing kostet mich dreieinhalbtausend im Monat. Es ist mein Auto, und ich tue damit, was ich will. Und jetzt will ich heimfahren!«

»Sie können gehen, wohin Sie wollen, aber den Wagen müssen Sie bis morgen hier stehen lassen, tut mir leid. Öffnen Sie die Tür.«

»Aber das ist *mein* Auto! Wollen Sie mir mein Auto wegnehmen? Das ist Diebstahl! Ich rufe die Polizei.«

»Ich *bin* Polizist. Beruhigen Sie sich.«

Gunnar Lidén biss die Zähne zusammen und klammerte sich an dem mit Stierleder bezogenen Steuer fest. Er war knallrot im Gesicht.

»Verdammte Scheiße!«, sagte er verbissen.

»Sie lassen mir keine Wahl«, sagte Sundin heiser, und dann ging alles sehr schnell. Der Polizist schlug die Scheibe mit dem Schlagstock ein und zog eine Spraydose aus der Jacke. Es zischte, gefolgt von einem lauten Schrei. Inzwischen hatte sich ein Grüppchen Zuschauer versammelt, die ihre Smartphones zückten und aus sicherem Abstand filmten, wie der rundliche Polizist seinen Inhalator nahm und zweimal tief einatmete, bevor er den brüllenden Office Manager aus dem Auto zerrte, ihn auf den kalten Betonboden drückte und ihm Handschellen anlegte. Er half dem vorübergehend erblindeten Gunnar Lidén auf die Beine und führte ihn im Polizeigriff zu seinem Dienstwagen. Gunnar Lidéns Kollegen sahen mit offenen Mündern zu, manche entsetzt, andere mit unverhohlener Schadenfreude. Einige teilten die Bilder der Festnahme direkt auf Facebook, andere warfen neugierige Blicke in den Kofferraum des großen BMW. Ehe der Abend vorüber war, wussten alle Angestellten von Helm Tech, dass ihr Office Manager des Mordes an Jens Jansen verdächtigt wurde.

We try harder

Es war exakt 7.30 Uhr. Ein Piepton und ein Klicken verrieten, dass die Tür geöffnet wurde. Gunnar Lidén war wie immer als Erster am Arbeitsplatz und marschierte zielstrebig auf seinen Schreibtisch zu. Steif stellte er die Aktentasche auf den Tisch und sank mit schmerzerfülltem Stöhnen auf seinen Stuhl. Er trug eine Halskrause aus weißem Kunststoff. Der gestrige Tag war kein guter für Gunnar Lidén gewesen. Nachdem er die Nacht in Polizeigewahrsam verbracht hatte, war er am frühen Morgen in zerknitterten Kleidern mit dem Bus nach Infra City gefahren. Dort stellte er fest, dass sein Auto abgeschleppt worden war. An seinem Arbeitsplatz hing ein Stück Pappe, auf dem »SERIENMÖRDER« stand. Seine Kollegen tuschelten und bedachten ihn mit hasserfüllten Blicken. Da half auch die Rundmail nichts, die er an alle schickte, in welcher er beteuerte, dass alles ein Missverständnis sei und er ihren Kollegen weder ermordet noch zerstückelt habe. Als er zur Kaffeepause in der Lounge erschien, verstummten alle Gespräche. Während der Automat seinen Espresso braute, verließen alle hinter seinem Rücken den Raum. Die Mittagspause verbrachte er allein an seinem Schreibtisch mit einem trockenen Sandwich. Alle Kollegen saßen sieben Stockwerke tiefer in der Kantine und spekulierten über Gunnar Lidéns Motiv. Was hatte ihn dazu getrieben, Jens Jansen zu zerstückeln und die Einzelteile im Wald zu vergraben? Hatten die beiden eine heimliche Affäre miteinander gehabt? Gehörte er vielleicht irgendeiner Sekte an? Oder stand er auf Sex mit Leichen?

Nach der Mittagspause wurde es noch schlimmer. Der Motivationstrainer, den die Firmenleitung angeheuert hatte, hatte die Spannungen in der Gruppe bemerkt. Er schob Tische und Stühle zur Seite und versammelte alle Angestellten in der Mitte des Büros. Dann zog er die Anzugjacke aus, klatschte in die Hände und feuerte sein gewinnendes Lächeln ab.

»Jepp, Zeit, mit der Arbeit zu beginnen!«

Mit einem steifen Lächeln blickte er in die Runde, doch die Angestellten begegneten dem deplatzierten Enthusiasmus des braun gebrannten Mannes mit Skepsis. Er malte einen Kreis in die Luft und forderte sie auf, sich rings um ihn zu stellen.

»Ein japanisches Sprichwort sagt: Ein Pfeil ist leicht zu brechen, nicht aber zehn in einem Bündel.«

Um die These zu illustrieren, zog er eine Schachtel Streichhölzer aus der Tasche, bat Elisabeth Pukka zu sich und gab ihr ein Streichholz.

»Zerbrich es!«

Sie zerbrach es.

»Seht ihr, das war kein Problem. Aber jetzt nimm zehn auf einmal, und versuche, sie zu zerbrechen.«

Elisabeth Pukka tat wie geheißen, bündelte die Streichhölzer und unternahm einen halbherzigen Versuch, sie zu zerbrechen.

»Gibt es einen starken Mann hier, der es versuchen möchte? Stefan, du hast bestimmt starke Hände?«

Der Motivationstrainer gab das Bündel Streichhölzer

Stefan York, der es ohne Weiteres in der Mitte durchbrach. Der Trainer unterdrückte ein Husten.

»Aber es war bedeutend schwerer, als ein einziges Zündholz zu zerbrechen, nicht wahr?«

Stefan York nickte brav.

»Und genau das ist der Punkt: Wir müssen zusammenarbeiten. Aber dazu müssen wir verstehen, was es heißt, ein Team zu sein, und einander vertrauen. Ein Team ist mehr als nur eine Gruppe Menschen, es ist ein Prozess des Gebens und Nehmens.«

Er machte eine Kunstpause, um der Botschaft Nachdruck zu verleihen, dann wandte er sich wieder an Elisabeth Pukka.

»Erzähl uns, woran du zurzeit arbeitest, Elisabeth.«

Die junge Frau zögerte.

»Also, was ich gerade mache?«

»Na, na, na«, unterbrach sie der Trainer.

»Was?«, fragte Elisabeth Pukka verwirrt.

»Du hast ›ich‹ gesagt. Hier bei Helm Tech geht es nicht um das Ich. Bei Helm Tech geht es um das Wir.«

Stefan York nickte zustimmend. Der Trainer wandte sich ihm zu.

»Stefan, berichte du über dein aktuelles Projekt.«

»Wir arbeiten an einer Kampagne für die neuen Frühjahrsmodelle. Printmedien und Internet. Zuerst hatten wir etwas unterschiedliche Vorstellungen, aber dann haben wir beschlossen, die traditionsreiche Geschichte der Firma zu betonen. Das schwedische Modell spricht die Menschen nach wie vor an.«

Der Motivationstrainer zeigte auf Stefan York und applaudierte.

»Gut, Stefan! Du hast Teamgeist. Wir müssen immer *wir* denken. Immer im Team. Ich bin für meine Arbeit verantwortlich, aber die Belohnung gehört uns allen. Stellt euch das Wort als Abkürzung vor: T.E.A.M. *Together everyone achieves more.*«

Theatralisch legte er die Hand vor den Mund, als verfiele er in tiefes Grübeln.

»Jede Bürde wird leichter, wenn wir sie teilen. Jedes Problem wird kleiner, wenn wir es miteinander teilen. Wie ich höre, sind in dieser Firma in letzter Zeit ein paar unerfreuliche Dinge geschehen, die viele von euch belasten.«

Er machte eine weitere Kunstpause und sah von einem Bürosklaven zum anderen.

»Wir müssen es wagen, ein Team zu sein. Wir müssen lernen, einander zu vertrauen, und genau diesem Thema möchte ich den Nachmittag widmen.«

Der Motivationstrainer öffnete seine Aktentasche und zog eine braune Papiertüte hervor.

»Ihr denkt bestimmt, das sei eine ganz gewöhnliche Papiertüte, stimmt's?«

Er zeigte auf Gunnar Lidén.

»Du, Gunnar, komm her.«

Gunnar Lidén blickte sich ängstlich um und trat aus dem Kreis. Ehe er sichs versah, hatte der Trainer ihm die Papiertüte über den Kopf gestülpt.

»Aber das ist keine gewöhnliche Papiertüte. Lasst es uns lieber eine ›Kappe des Vertrauens‹ nennen«, sagte der elegant gekleidete Mann und tätschelte Gunnar Lidéns verhüllten Kopf.

»Vertrauenskappe?«, flüsterte einer.

»Jepp!«, antwortete der Trainer. »Mit dieser Kopfbedeckung habt ihr keine andere Wahl, als dem Team zu vertrauen. Und das Team hat die Verantwortung, dass dem Träger nichts geschieht.«

Er dirigierte die Gruppe zum Ende des Raums.

»Wie unsere Statistik zeigt, hat diese Übung in etlichen Unternehmen die Rentabilität um bis zu zehn Prozent gesteigert.«

Der Mann zog Schreibtische in den Raum und rollte einen Aktenschrank sowie ein paar gemietete Topfpflanzen heran. Dann kippte er einige Bürostühle um und verteilte sie auf dem Boden. Der Office Manager atmete schwer unter seiner Papiermaske.

»Was wir hier sehen, ist eine Art Hindernisparcours. Eure Aufgabe ist es, Gunnar mithilfe dieser Schnur, die ich an seinen Gürtel binde, über alle Hindernisse bis hier hinauf zu leiten. Er stellte den letzten Schreibtisch auf Maximalhöhe.

»Gunnar?«

»Ja?«

»Bist du bereit?«

Gunnar Lidén zögerte und räusperte sich unter der Tüte.

»Also?«

»Gut. Es kann losgehen.«

Nachdem er über einen Haufen Kopierpapier gestolpert und in eine Birkenfeige gestürzt war und sich das Schienbein an einem Aktenschrank gestoßen hatte, stieg Gunnar Lidén so rasch wie möglich auf den Tisch. Sein Anblick erinnerte an den gefolterten Häftling aus Abu Ghraib, dessen Bild um die Welt gegangen war. Er stieß fast mit dem Kopf an die Decke. Die anderen zogen an der Schnur und führten ihn an den Abgrund.

»Stopp!«, rief der Motivationstrainer. »Jetzt möchte ich, dass du dich mit dem Rücken zum Team wendest.«

Gunnar Lidén drehte sich mit zitternden Knien um. Der Trainer winkte die Kollegen heran und instruierte sie, die Arme mit den Handflächen nach oben ausgestreckt zu halten.

»Das ist das Finale. Jetzt möchte ich, Gunnar, dass du dich ausgestreckt fallen lässt. Das Team ist für dich da und fängt dich auf. Los, Gunnar!«

Gunnar Lidén schluckte vernehmlich. Dann kniff er die Augen fest zu und ließ sich fallen. Er knallte mit dem Hinterkopf auf den Boden und verlor das Bewusstsein.

I'm lovin' it

Zwei Aspirin sprudelten in einem Glas auf dem Schreibtisch des Office Managers. Zu seinen Aufgaben gehörte das Sortieren der Post. Jeden Tag um kurz vor zwölf bekam er einen Stapel Sendungen, der zum größten Teil aus Fensterumschlägen und Reklame bestand, und sorgte dafür, dass sie beim richtigen Empfänger landeten. Größere Pakete fuhr er auf einem Handkarren durchs Büro. An diesem Tag waren keine Pakete dabei. Die Halskrause hinderte ihn daran, nach unten zu sehen, weshalb er gezwungen war, jeden Brief vor die Augen zu halten. Er tastete nach dem Stapel und hielt eine Ansichtskarte mit zwei Rentieren hoch. Eine Kuh und ein Kalb irgendwo im Fjäll. Er drehte die Karte um. Das Bild war aus Nikkaluokta, und der Berg im Hintergrund war der Kebnekaise. Die Karte war »An die Kollegen bei Helm Tech« adressiert. Gunnar Lidén las:

Macht euch keine Sorgen. Wo ich hingehe, wird es mir besser gehen. Wir sehen uns nie wieder.

Viele Grüße
Jens

Die Karte war vor zwei Tagen in Kiruna abgestempelt. Gunnar Lidén nahm den Telefonhörer und hielt eine Visitenkarte mit dem Wappen der Polizei vor die Augen.

Dann wählte er Inspektor Leif Sundins Nummer. Dieser antwortete nach zwei Klingeltönen.

»Sundin.«

»Sie brauchen nicht mehr nachzuforschen, der Fall ist gelöst.«

»Hallo? Wer ist dort?«

Gunnar Lidén hielt die Hand vor den Hörer und zischte: »Gunnar Lidén, der unschuldige Mann, den Sie massiver Polizeigewalt ausgesetzt haben. Den man zwölf Stunden gegen seinen Willen eingesperrt hielt. Der Mann, dessen Freiheit Sie gestohlen haben. Und mit Freiheit meine ich natürlich mein Auto.«

Der Polizist seufzte in die Leitung.

»Es steht im kriminaltechnischen Labor in Linköping.«

Noch einmal erklärte Leif Sundin ausführlich, warum der Staatsanwalt es für nötig befunden hatte, Gunnar Lidén in Gewahrsam zu halten.

»Zum Zeitpunkt Ihrer Festnahme trugen Sie die Passierkarte des Vermissten bei sich. In der Tasche hatten sie ein Taschentuch mit Blutspuren des Vermissten. Ein Zeuge hat gegen Sie ausgesagt. Außerdem befand sich in Ihrem Kofferraum Ausrüstung, die man als verdächtig bezeichnen kann. Und schließlich haben Sie bei der Festnahme gewaltsamen Widerstand geleistet, was die Sache nicht leichter macht. Solange wir keine Gegenbeweise finden, kann ich Sie unmöglich aus dem Kreis der Verdächtigen ausschließen. Wenn Sie neue Informationen haben, bin ich ganz Ohr.«

»So? Dann hören Sie mal genau zu!«, sagte Gunnar Lidén. »Denn wissen Sie, was geschehen ist, während ich in der eiskalten, ungastlichen Zelle Tränen vergossen habe?«

»Nein, aber Sie dürfen es mir gern erzählen, falls es die Ermittlungen voranbringt«, antwortete Leif Sundin.

»Ja. Während ich also auf der steinharten Pritsche lag, misshandelt, zu Tode verschreckt und erniedrigt, wurde in Kiruna eine Postkarte geschrieben. Wollen Sie wissen, von wem?«

Der Inspektor antwortete nicht und atmete schwer in den Hörer. Gunnar Lidén wiederholte triumphierend seine Frage.

»Wollen Sie wissen, von wem?«

»Ja. Sagen Sie es mir, wenn es relevant ist.«

»Der Absender der Karte ist Jens Jansen! Während Sie mich meiner Freiheit als Autobesitzer und Mensch beraubten, saß Jens Jansen gesund und munter irgendwo in Lappland und schrieb eine Karte an alle Kollegen.«

»So, so. Was schreibt er denn?«, fragte der Inspektor.

»Ist Jens Jansen nicht tot? Habe ich ihn nicht entführt, ermordet und aufgefressen? Aber sagen Sie: Wie hätte er dann eine Karte aus Kiruna schicken können?«

»Herr Lidén, was steht auf der Karte?«

»Das werden Sie gleich hören: Hier steht also…«

Gunnar Lidén las jubelnd Jens Jansens kurze Mitteilung vor.

Der Polizist schwieg lange, dann fragte er:

»Weshalb sind Sie so sicher, dass Jens Jansen diese Karte persönlich geschrieben hat? Das könnte jeder gewesen sein.«

»Wissen Sie«, sagte Gunnar Lidén, »Jens Jansen hat eine ziemlich spezielle Unterschrift. Ich vergleiche gerade die Unterschrift auf der Karte mit der unter seinem Arbeitsvertrag, und ich wage zu behaupten, dass kein Zweifel an der Echtheit besteht.«

»Verstehe. Ich wäre Ihnen sehr dankbar, wenn Sie die Karte aufheben würden. Sie könnte sehr hilfreich für die weiteren Ermittlungen sein.«

»Ich nehme an, dass ich nicht mehr Teil dieser Ermittlungen bin?«, fragte Gunnar Lidén.

»Wenn Ihre Angaben stimmen, werden Sie wohl aus dem Kreis der Verdächtigen ausgeschlossen. Diese Karte klingt wie ein Abschiedsbrief.«

»Ja. Und trotzdem wurde ich eingesperrt und diversen Übergriffen ausgesetzt. Ich würde sogar so weit gehen, diese Behandlung Folter zu nennen. Ich hätte nicht gedacht, dass dies im heutigen Schweden noch möglich ist.«

»Herr Lidén«, sagte der Polizist. »Es tut mir leid, dass es so gekommen ist. Sie haben das Recht, eine Entschädigung für Ihre Zeit im Gewahrsam zu verlangen. Auf unserer Homepage finden Sie Vordrucke dafür. Was die ›Übergriffe‹ angeht, wie Sie es nennen, sind Sie allerdings selbst schuld. Natürlich ist es Ihr gutes Recht, eine Untersuchung einzuleiten. Ich schlage vor, dass Sie mich anzeigen.«

Gunnar Lidén presste den Hörer ans Ohr und strahlte vor Genugtuung.

»Alles, was ich verlange, ist eine offizielle Entschuldigung im Beisein meiner Kollegen. Und...«

»Und?«

»Und dass ich Ihre Dienstwaffe ausprobieren darf.«

»Wie bitte?«

»Ich habe noch nie im Leben eine Pistole abgefeuert.«

»Bei uns wird über jede Kugel Buch geführt. Das verstößt gegen die Dienstvorschriften.«

»Dann gibt es eine Anzeige. Sie haben die Wahl. Ich könnte mir denken, dass ein älterer Polizist mit Asthma und Übergewicht nicht gerade die besten Chancen auf dem Arbeitsmarkt hätte.«

Der Polizeiinspektor dachte lange nach und seufzte tief.

»All right. Ich hole Sie nach der Arbeit ab.«

»Prima, ich besorge Bier.«

Performance in ironmaking

Die Ansichtskarte mit Jens Jansens Unterschrift war natürlich ein Bluff, die Jens Jansen mit Yussuf Saids Hilfe arrangiert hatte. Doch davon hatten weder Kriminalinspektor Leif Sundin, der nun von jeglichem Verdacht befreite Gunnar Lidén noch irgendein anderer Kollege eine Ahnung. Alle waren überzeugt, dass Jens Jansens Leiche irgendwo im riesigen Nationalpark Abisko im Schlafsack lag und verweste. Keiner wusste, dass sein Zeltlager in Wirklichkeit nur wenige Meter entfernt war. Dort schlummerte er, während sich die Exkollegen über ihre Tastaturen beugten und schufteten.

Als Jens Jansen erfahren hatte, dass Gunnar Lidén unter Mordverdacht stand, bat er seinen irakischen Freund, in einen Souvenirladen am Flughafen Arlanda zu gehen und eine Postkarte mit Motiven aus Lappland zu kaufen, am liebsten mit dem Berg Kebnekaise und Umgebung. Auf diese Karte kritzelte er seinen vermeintlich letzten Gruß, dann buchte er eine Fahrkarte für den Nachtzug nach Kiruna. Yussuf Said zog das Ticket im Bahnhof aus dem Automaten und machte es sich sofort im Schlafwagen bequem. Er schlief besser und länger als je zuvor, seit er in diesem sonderbaren, tiefgefrorenen Königreich gelandet war. Der Rhythmus der eisernen Räder auf den Schienen wiegte ihn in den Schlaf eines Kindes. Die Lok mit ihren vierzehn Wagen stampfte durch die Wälder Norrlands, vorbei an Orten mit seltsamen Namen wie Ånge, Mellansel oder Vännäs. Yussuf Said hörte nicht einmal die Ansagen der Bahnhöfe. Erst nach sechzehn Stunden wachte er auf, weil der Schaffner an die Tür klopfte und sagte, der Zug nähere sich Kiruna. Er schob die Gardine auf und sah draußen eine karge, schneebedeckte Landschaft vorbeiziehen. Dann hielt der Zug, und Yussuf Said zog die Jacke an. Er kontrollierte, ob Jens Jansens Ansichtskarte noch in der Innentasche steckte. Verwundert atmete er die eiskalte, frische Luft ein, stieg auf den Bahnsteig hinab und ging in den Bahnhof. Der Schnee knarrte unter seinen Sohlen. Die Bahnhofshalle aus braunen Ziegelsteinen sah aus wie ein Lebkuchenhaus. Einer der unendlich langen Eisenerzzüge donnerte hinter ihm vorbei. Im Bahnhof warf er die Postkarte in den Briefkasten, sah auf die Uhr und stellte fest, dass er anderthalb Stunden Zeit hatte, bis der nächste Zug nach Stockholm zurückfuhr. Genau richtig für einen kleinen Spaziergang durch diese merkwürdige Gemeinde, die offenbar in der Mitte von Nirgendwo lag. Die kalte Luft machte ihn munter, und er ging leichten Schrittes los. Unterwegs prägte er sich alle Straßennamen ein: Stationsvägen, Hjalmar Lundbohmsvägen, Biblioteksgatan. Wenige Hundert Meter den Gruvvägen hinauf blieb er vor einer Kirche stehen. Es war die schönste Kirche, die Yussuf Said je gesehen hatte, und als frommer Christ hatte er viele Kirchen besucht. Diese jedoch war wie aus einem Märchen. Sie war ganz aus Holz und schwedenrot gestrichen. Die rotbraunen Schindeln sahen aus wie Drachenschuppen, und das verwinkelte Satteldach ging bis zum Boden. Verzückt wanderte Yussuf Said um das Gebäude herum und hinterließ tiefe Stapfen im Schnee. Auf den Sparren standen mannshohe, vergoldete Skulpturen. Sie stellten Men-

schen in unterschiedlichen Gemütszuständen dar: Verzweiflung, Befangenheit, Übermut, Frömmigkeit und Zuversicht, stand auf den Sockeln zu lesen.

»Zuversicht...«, murmelte Yussuf Said.

Affordable solutions for better living

Gunnar Lidén, dessen steifer Kragen wieder schneeweiß war, heftete Jens Jansens Ansichtskarte triumphierend an die Pinnwand in der Lounge, neben die Einladung zum großen Herbstereignis für die Angestellten aller Unternehmen in Infra City: dem alljährlichen Halloween-Fest. Nur wenig später musste er die Karte auf Karl Frids Geheiß wieder abnehmen, da einige Kollegen sich beschwert hatten, der Abschiedsbrief eines Kollegen drücke die Stimmung im Büro.

Alle waren glücklich unwissend, was die einschneidenden Veränderungen anging, die dem nordeuropäischen Marktführer in Sachen Fahrradhelm bevorstanden. Die Verhandlungen zwischen der Geschäftsleitung und der staatliche chinesischen Venture-Capital-Gesellschaft GVC Ventures schritten voran. Aus den vielen Telefonaten, die Jens Jansen mit der alten Telefonanlage abhörte, ging hervor, dass nur noch wenige Details zu klären waren, ehe die Chinesen sich ins Flugzeug setzen und den Vertrag unterschreiben würden, der ihnen alle Rechte auf das Warenzeichen Helm Tech übertrug. Die hoffnungsvollen Investoren sahen ein enormes Potenzial in dem noch jungen Markt für Fahrradhelme in China. Sie bezogen sich auf eine Studie des internationalen Versicherungsriesen RSA, die zu dem Ergebnis kam, dass die Chinesen ein noch ängstlicheres Volk als die Schweden waren.

Der hohe Risikoindex bei der Sache bot beste Wachstumschancen, wie es in Geschäftskreisen hieß. Dass die Ängste der Chinesen in erster Linie Erdbeben, gefährlichen Zutaten in Lebensmitteln, Krebs, Trunkenheit am Steuer und Wassermangel galten, war den Investoren egal. Dies sei nur eine Frage der Vermarktung, behaupteten sie.

»Die Menschen lieben tröstliche Pseudomaßnahmen«, hatte Mr. Cheng Karl Frid erklärt. »Schauen Sie nur den Sicherheitsapparat an, der nach den Attentaten des elften Septembers entstanden ist. Natürlich wird die Welt nicht sicherer, weil man am Flughafen unsere Schuhe röntgt, aber die meisten *fühlen* sich sicherer, tragen etwas zur Sicherheit bei. Sie ziehen die Schuhe aus. Wir vermitteln den Menschen unserer Zielgruppe das gleiche Gefühl von Sicherheit, wenn sie ihren Fahrradhelm aufsetzen.«

Karl Frid murmelte zustimmend, während er im Stillen den schwindelnd hohen Gewinn schätzte, den eine Milliarde ängstliche chinesische Fahrradfahrer brachten.

»Die schwedischen Grundwerte müssen vertieft werden«, erklärte Mr. Cheng. »Die Welt verbindet Schweden mit Sicherheit und Sicherheitsdenken. Ein starker öffentlicher Sektor. Innovationsgeist. Solidarität. Das müssen wir bei der Vermarktung betonen.«

»Welch ein Zufall. Genau dies kommunizieren wir in der bevorstehenden Kampagne«, sagte Frid eifrig.

»Wir sehen ein enormes Potenzial in der Kombination aus Sicherheitsgefühl und Individualismus, die das nordische Modell bietet. Dieses Gefühl wollen wir unserem Volk verkaufen.«

»Und dabei noch viele chinesische Leben retten!«

Mr. Cheng verstummte.

»Das ist nicht der Grund, warum der Staat seine Bürger ermuntern will, Helme zu tragen«, sagte er schließlich.

»Nein?«, antwortete Karl Frid.

»Natürlich nicht. Das versteht sich doch hoffentlich von selbst, Mr. Frid?«

Nun war es Karl Frid, der verstummte.

»Äh… ich bin nicht ganz sicher, was Sie meinen, Mr. Cheng.«

»Glauben Sie wirklich, es wäre Sinn und Zweck eines Fahrradhelms, Leben zu retten?« Mr. Cheng kicherte munter.

»Wofür ist er denn sonst da?«

»Woran denken Sie, wenn Sie einen Fahrradhelm sehen, Mr. Frid?«

»Woran ich denke?« Karl Frid war verwirrt.

»Er ruft Ihnen ins Bewusstsein, dass alles in einem einzigen Augenblick verloren gehen kann. Ihre Frau, Ihre Kinder, Ihre Karriere. Alles vorbei, wenn Sie gelähmt im Rollstuhl sitzen. Innerhalb einer Sekunde ist alles aus.«

»Vielleicht haben Sie recht. Aber ich sehe den Fahrradhelm eher als effektiven Schutz vor…«

Der Chinese unterbrach ihn.

»Der Helm macht Ihnen klar, dass die Freiheit, die Sie auf einem Fahrrad verspüren, lebensgefährlich ist.«

Frid wusste nicht, was er antworten sollte. Stattdessen atmete er schwer in den Hörer.

»Nicht nur das. Er macht Ihnen klar, dass Sie nicht mit Freiheit umgehen können. Dass Sie Ihre Freiheit selbst einschränken müssen. Ein Fahrradhelm macht Sie nicht sicher – er macht Ihnen Angst, verstehen Sie?«

Frid räusperte sich.

»Nun ja. Für uns Schweden ist ein Fahrradhelm etwas

ganz Alltägliches geworden. Keiner fährt mehr ohne«, versuchte er.

»Es liegt nicht im Interesse des Staates, dass die Leute überall herumfahren, nach Freiheit dürsten und sich unsterblich fühlen. Der Staat will, dass sie sich verletzlich fühlen und Angst haben zu sterben.«

Make. Believe

Es war, als würde die Zivilisation langsam, aber sicher von ihm abfallen. Tag für Tag wurde ihm stärker bewusst, dass Infra City von Wald umgeben war, den er jede Nacht durch die großen Fenster sah. Tannenwipfel schwankten im Wind. Eulen glitten auf lautlosen Schwingen über das Dach des Supermarktes. Kaninchen hoppelten über den leeren Parkplatz und hinterließen Spuren im Reif. Krähen sahen ihn mit schwarzen, ausdruckslosen Augen an. Schimmelpilze drangen gnadenlos durch Fugen und Ritzen ins Gebäude. Manchmal saß er stundenlang an einem Ort und studierte scheinbar sinnlose Details, die mit einem Mal Muster bildeten, die alles erklärten. Zum Beispiel den Zusammenhang zwischen der Gesellschaft und dem Universum. Er starrte auf Netzwerkkabel, die sich bündelten und in der Decke verschwanden, und plötzlich erkannte er, was dieses Netzwerk aus Kupferdrähten, das alle Computer der Welt wie Nervenstränge miteinander verband, wirklich bedeutete. Er rief Nina an und versuchte ihr zu erklären, dass Zieldiagramme, Monatsberichte, Excel-Dateien und die Seiten, die er täglich angestarrt hatte, in Wirklichkeit Instrumente der Gedankenkontrolle waren.

»Wenn wir nicht immer nur nach vorn schauen würden, auf das nächste Etappenziel oder die nächste Stufe des Fortschritts, dann würden wir erkennen, dass unsere

Welt in Wirklichkeit aus den Fugen gerät. Und wir können nichts dagegen tun. Der Wald und die Natur werden diesen Ort verschlingen. Nach der nächsten Eiszeit wird nur ein Erdhügel von Infra City übrig sein.«

»Nach der nächsten Eiszeit? Ich bin schon froh, wenn ich die kommende Woche im Griff habe«, antwortete Nina.

»Nichts, was wir hier tun, wird in die Geschichte eingehen. Nichts hier ist wirklich von Bedeutung. Das hat zwar auch was Poetisches, aber trotzdem ist es schade, dass so viele ihr einziges Leben an diesem Ort verschwenden.«

»Okay«, antwortete sie gleichgültig, während ein Piepton anzeigte, dass Helm Techs Telefonrechnung um weitere 19,90 Kronen erhöht war.

»Weißt du was, Nina?«, fragte Jens Jansen.

»Nö«, antwortete sie.

»Manchmal fühle ich mich wie Gott. Jedenfalls stelle ich mir vor, dass es ihm so geht.«

»Wie denn?«

»Ich erkenne Muster, die ich vorher nie gesehen habe. Ich sehe, wie alles zusammenhängt.«

»Alles?«

»Ja. Aber die Flut von Informationen ist einfach zu groß. Ich kann nicht alle Daten sortieren. Das erschöpft mich.«

Bevor sie an diesem Abend auflegten, versuchte er Nina zu überzeugen, dass er ein Reh mit Kitz im Gebäude gesehen habe. Sie seien über den Steg gelaufen, der den Lichthof überspannte, um an den geleasten Topfpflanzen zu äsen.

»Es war das Schönste, was ich je gesehen habe«, sagte er verträumt.

»Du musst dringend aufhören, Klebstoff zu inhalieren«, lautete ihre knappe Antwort.

Share the fantasy

Zwei Monate nachdem Jens Jansen sein Leben als Wohnkreditabstotterer, Innenstadtbewohner, Autobesitzer, Kabelabonnent, Handynutzer, Pluskunde bei Nordea und leitender Angestellter einer schwedischen Mittelstandsfirma mit einem Jahreslohn, der 23 Prozent über dem Durchschnitt lag, aufgegeben hatte, geschah es. Zwei Monate nachdem er seine Kreditkarte, alle Rabattkarten, die Ikea Familiy Card und den Mitgliedsausweis des Fitnessstudios in Stücke geschnitten und die Schnipsel in der Toilette runtergespült hatte, erreichte die Nachricht seines Verschwindens landesweit die Medien. Bis zum Abend des 19. Oktober wusste Jens Jansen nichts von seinem neuen Status als Medienstar. Er saß in der Lounge und würgte im Schein der Stirnlampe die x-te Portion gefriergetrocknetes Chili hinunter, als er sein Bild in einer liegen gebliebenen Zeitung entdeckte. Unter dem kleinen Foto, auf dem er verkrampft lächelte, stand: »Jens Jansen, 34, ist verschwunden.« Der zugehörige Artikel war mit einem größeren Bild versehen. Offenbar hatten sie einen Reporter auf den menschenleeren Campingplatz in Nikkaluokta geschickt. Die Überschrift lautete: »Hier endet die Spur von Jens, 34.« Er las weiter, während er die zähe, geschmacklose Masse aus der knallgelben Verpackung löffelte.

Immer mehr Menschen werden vermisst. Zum aktuellen Zeitpunkt gelten in Schweden mindestens 30 Personen als spurlos verschwunden.

»Am schlimmsten ist die Ungewissheit«, sagt Mari Feldt, deren Freund nie von seiner Arbeitsstelle in Upplands Väsby zurückkehrte.

Die Spur von Jens Jansen, 34, endet in Nikkaluokta. Von dort schickte er einen letzten Gruß an seine Kollegen in Form einer Ansichtskarte. Die Indizien sprechen dafür, dass er danach in die Wildnis verschwand. »Wir werden uns nie wiedersehen«, schrieb er. Auf dem Campingplatz von Nikkaluokta herrscht eine bedrückte Stimmung. Das Personal ist schockiert.

»Es muss furchtbar sein für die Angehörigen, wenn einer einfach so verschwindet«, sagt Kristina Sarri, die Leiterin des Fremdenverkehrsamtes von Nikkaluokta. Die Organisation Missing People Sweden hat Suchtrupps entlang des Wanderwegs zwischen Nikkaluokta und der Kebnekaise Fjällstation ausgeschickt.

»Abisko ist der größte Nationalpark Nordeuropas. Das ist die berühmte Suche nach der Nadel im Heuhaufen. Die Bergrettung hat eine Woche lang vergeblich gesucht«, berichtet Leif Sundin, der zuständige Ermittler bei der Polizei.

Mari Feldt sagt, sie habe nichts von den Plänen ihres Lebenspartners gewusst.

»Ich verstehe das nicht. Er war immer so ein lebensfroher, positiver Mensch.«

Laut Ulla Christersson, Sachbeauftragte für vermisste Personen bei der Reichskriminalpolizei, werden die meisten Vermissten gefunden, obwohl die Anzahl der Vermisstmeldungen steigt.

»Das könnte daran liegen, dass sogar abgewiesene Asyl-

suchende als vermisst gemeldet werden. Außerdem ist die Polizei auf diesem Gebiet aktiver geworden. Oft handelt es sich um Jugendliche, die von zu Hause ausgerissen sind, verwirrte Ältere, die sich verirrt haben, Unfälle oder Selbstmorde. Manche wollen einfach nur abtauchen und wissen nicht einmal, dass nach ihnen gesucht wird, bis sie nach Hause kommen«, sagt Christensen.

Jens Jansen legte die Zeitung zurück. Dann ging er auf die Toilette und spülte die Essensreste weg. Der Expeditionsfraß war zwar nicht sonderlich schmackhaft, aber praktisch. Man musste nur 350 Milliliter warmes Wasser hinzugeben und aß direkt aus der Tüte. Außerdem enthielten die Mahlzeiten so viele Kalorien, dass er daneben nur die vielen Tassen Milchkaffee aus dem Automaten brauchte, die er täglich trank. Er lachte. Es schien, als wäre sein Plan punktgenau aufgegangen. Er nahm die Zeitung mit in sein Versteck, schnitt den Artikel aus und hängte ihn neben dem Zelt an die Wand.

Connecting people

Am nächsten Tag rief ein Mann den Office Manager Gunnar Lidén an. Er sprach gebrochenes, aber fehlerfreies Englisch. Der Mann fragte nach dem Brand Manager Jens Jansen. Dieser hörte das Gespräch schweigend ab und musste sich beherrschen, nicht »Hier!« zu rufen. Er hatte die Stimme sofort erkannt. Sie gehörte Yussuf Said. Gunnar Lidén informierte den Anrufer, dass Jens Jansen leider nicht mehr bei Helm Tech arbeite. Alle Fragen hinsichtlich der Vermarktung könne man mit Elisabeth Pukka besprechen. Damit leitete er das Gespräch weiter.

»Helm Tech, Elisabeth«, antwortete eine finnlandschwedische Stimme.

»Hallo?«

Keine Antwort, nur Atmen, Straßengeräusche im Hintergrund und das Brausen des eisigen Windes in Schwedens nördlichsten Breiten.

»Ist da jemand?«, fragte Elisabeth Pukka, die nicht ahnte, dass ihre Stimme von gleich zwei schweigenden Männern gehört wurde. Sie versuchte es noch einmal.

»Hallo? Ich lege jetzt auf!«

Es klickte in der Leitung, aber die Geräuschkulisse aus Kiruna und Yussuf Saids Atem waren noch da. Sekunden später erklang seine Stimme.

»Jens? Bist du dran, Jens?«

Jens Jansen zögerte, aber dann meldete er sich.

»Yussuf? Bist du das, Yussuf?«

»Ja, ich bin es, Jens. Hör zu, ich weiß nicht, wie lange wir auf dieser Leitung sprechen können, bis…«

Ein Knacken unterbrach sie, und sie hörten, wie eine Nummer gewählt wurde. Es war Elisabeth Pukka, die auf der blockierten Leitung telefonieren wollte.

»Hallo?«, schrie sie.

Die Männer verstummten und hörten ihren Flüchen zu.

»Das Telefon funktioniert nicht. Sind eure Leitungen frei?«

Es wurde still. Yussuf Said hob erneut an.

»Jens, mir geht es gut. Danke, dass du mich nach Kiruna geschickt hast. Ich bin durch die ganze Welt gereist, Jens, aber einen so unglaublichen Ort habe ich noch nie gesehen. Ich musste hierbleiben.«

Er wurde von Elisabeth Pukka unterbrochen.

»Da stimmt was nicht. Auf meinem Telefon läuft ein Gespräch…«

Sie verschwand kurz aus der Leitung, dann knackte es wieder.

»Hallo?«

Als sie endlich aufgegeben hatte, konnten Jens Jansen und Yussuf Said sich verabschieden.

»Hier steht die schönste Kirche, die ich je gesehen habe«, erzählte Yussuf enthusiastisch. »Und es gibt Menschen, die mir helfen können. Zum ersten Mal seit vier Jahren kann ich nachts ruhig schlafen.«

Jens Jansen kamen die Tränen.

»Danke, dass du mir das Leben gerettet hast, Yussuf. Das werde ich dir nie vergessen.«

»Geht es dir gut?«

»Ja, ich bin okay.«

»Sicher?«

»Ja.«

Jens Jansen schniefte.

»Jens, vergiss nicht, dass Gott dich sieht. Er sieht uns alle.«

Jens Jansen schluckte und presste ein »Okay« hervor.

»Vielleicht sehen wir uns eines Tages wieder. Die Wege des Herrn sind … wie sagt man?«

»Unergründlich«, flüsterte Jens Jansen.

Yussuf Said zauderte. Offenbar hatte er noch mehr auf dem Herzen.

»Sie werden mich bestimmt suchen. Sie werden sagen, dass ich ihnen viel Geld schulde. Sie dürfen nicht wissen, dass ich hier bin.«

»Du kannst dich auf mich verlassen, Yussuf. Und versprich mir, dass du auch niemandem verrätst, wo ich mich verstecke«, sagte Jens Jansen.

»Das bleibt unter uns. Wir sind wie Schatten, du und ich. Wie Superhelden in der Nacht.«

Beide legten auf, und es wurde still in der Leitung. Bis auf das Atmen der Person, die das Gespräch mitgehört hatte.

Woher kenne ich diese Stimme?, fragte Elisabeth Pukka sich im Stillen, als sie mit einem Klicken aus der Leitung verschwand.

Kinder surprise!

Am nächsten Abend legte Jens Jansen den Hörer mit einem komischen Gefühl im Bauch auf. Er nahm einen tiefen Atemzug aus einer Flasche Leim und lehnte sich so heftig zurück, dass ein paar Blasen der Luftpolsterfolie in seinem Sessel platzten. In der Hand hielt er einen rosa Post-it-Zettel in Form einer Sprechblase, auf dem er eine Nummer notiert hatte. Sie gehörte zu einem Faxgerät, das der Vorwahl nach irgendwo in Stockholm stand. Jens Jansen stand auf und rieb sich das Gesicht, als könnte die statische Elektrizität, die dabei entstand, sein Gehirn ankurbeln. Er musste die Information, die er gerade bekommen hatte, erst einmal verarbeiten. Er und der geheimnisvolle Inhaber der Faxnummer hätten einiges gemeinsam, hatte Nina gesagt. Wem die Nummer gehörte, konnte er nicht herausfinden, da sie in keinem Verzeichnis stand. Er versuchte, das Gespräch mit Nina Wort für Wort zu rekonstruieren. Um kurz nach halb fünf am Nachmittag hatte er den Hörer abgenommen, Taste drei gedrückt und eine weitere sadistische Vergewaltigungsfantasie von Stefan York anhören müssen. Sie folgten immer dem gleichen Muster: Mann in übergeordneter Position kanzelt Untergebene ab und straft sie mit sexueller Gewalt. Nach dem üblichen Stöhnen am Ende wartete Jens Jansen, bis es klickte und still war.
»Nina?«

»Ich bin dran.«

»Hast du gestern die Zeitung gelesen?«

Sie hatte kurz überlegt und dann gekichert.

»Jens Jansen, vermute ich?«, sagte sie. »Ich muss zugeben, dass ich mir dich ganz anders vorgestellt habe. Du siehst ja richtig süß aus auf dem Bild.«

Er fand es ungerecht, dass sie nun seine Identität kannte, während er nicht die geringste Ahnung hatte, wer sie war. Angeblich studierte sie Psychologie und hatte russische Wurzeln, aber wer wusste schon, ob das auch stimmte. Schließlich war es der Job dieser Frau, Fantasiewelten für verzweifelte Männer zu schaffen. Er fragte nicht nach, weil er keinesfalls als Naturalist gelten wollte. Nina blieb weiter das unartige Schulmädchen, die sexy Sekretärin oder die unzufriedene Hausfrau.

»Außer Yussuf bist du die Einzige auf der Welt, die weiß, dass ich lebe«, sagte Jens Jansen. »Und Yussuf ist ebenfalls verschwunden. Er ist in Kiruna geblieben.«

Nina pfiff beeindruckt.

»Er hat also die Karte geschickt? Ich hatte mich schon gewundert. Das war listig.«

»Hör zu, ich muss sicher sein, dass ich dir vertrauen kann, Nina – oder wie immer du heißt. Wenn jemand herausfindet, dass ich lebe, bin ich dran.«

»Mach dir keine Sorgen. Wir Telefonhuren sind wie Priester oder Ärzte. Wir haben Schweigepflicht.«

Nach einer kurzen Pause fuhr sie fort:

»Es gibt da etwas, das ich dir schon länger sagen will, aber irgendwie hat sich nie die Gelegenheit ergeben.«

Ihre Stimme klang plötzlich anders. Ernster als sonst. Als wäre etwas Schlimmes passiert.

»Was denn?«, fragte Jens Jansen beunruhigt, und sein Magen schnürte sich zusammen.

»Also: Du bist nicht so einsam, wie du denkst.«

»Was?«

»Es gibt noch mehr wie dich.«

»Das weiß ich doch. In dem Artikel stand, dass jedes Jahr siebentausend Menschen vermisst gemeldet werden…«

Sie unterbrach ihn.

»Nein, nein. Du verstehst nicht, was ich meine. Du bist nicht der Einzige, der alles hinter sich gelassen hat und untergetaucht ist. Es gibt noch mehr Totgeglaubte, die sich in Wirklichkeit an ihrem Arbeitsplatz verstecken.«

Es dauerte ziemlich lange, bis die Information zu ihm durchgedrungen war.

»Woher weißt du das?«, fragte Jens Jansen verwirrt.

»Weil ich mit ihnen telefoniere, natürlich. Sie haben niemand anders. Sie fühlen sich einsam, genau wie du. Und sie können lange reden, weil sie die Rechnung nicht selbst bezahlen, genau wie du. Ich erfahre Dinge, die sie niemand anderem erzählen.«

»Genau wie ich?«

Jens Jansen war gekränkt. Warum verglich Nina ihn mit den Männern, die ewig Überstunden machten, anstatt nach Hause zur Familie oder dem langweiligen Ehepartner zu fahren? Die auf Pornoseiten surften und Telefonsex auf Kosten der Firma betrieben?

»Also. Ich gehöre nicht zu denen, die länger bei der Arbeit bleiben, um sich am Telefon einen runterzuholen. Ich bin echt verschwunden, das hast du doch in der Zeitung gelesen. Ich bin nicht wie deine Kunden.«

»Es gibt welche, die sich schon viel, viel länger als du versteckt halten. Glaub mir.«

Jens Jansen war zutiefst frustriert. Was war das für ein Unsinn? Der einzige Mensch, dem er seine Seele geöffnet hatte, betrachtete ihn als alltäglich? Oder verschwieg sie ihm etwas? Ihm schwirrte der Kopf. Warum hatte er sich dieser Person anvertraut, die er überhaupt nicht kannte? Wer war sie eigentlich? Sie konnte genauso gut ein zwölfjähriger Junge sein, der ihn verarschte. Oder eine ältere Frau, die ihm etwas vormachte. Oder gar eine Polizistin. Vielleicht war sie nicht einmal ein Mensch, sondern ein gut programmierter Roboter für eine automatisierte Kundenbefragung, um die innigsten Wünsche bestimmter Zielgruppen herauszufinden. Vielleicht wollten sie mithilfe der Ergebnisse ein neues Produkt kreieren, welches das Loch in den Herzen der Betroffenen stopfen konnte. Vielleicht war er nur das Opfer eines großen Bluffs.

»Willst du mich reinlegen?«, fragte er leise.

»Warum sollte ich dich reinlegen wollen?«

»Weil du mein Gehirn manipulieren willst.«

»Warum sollte ich das tun?«

»Aus demselben Grund, aus dem man mit einem Stock im Ameisenhaufen wühlt.«

»Ich muss nicht in jeden Ameisenhaufen gleich einen Stock reinstecken.«

»Du willst sehen, wie weit du gehen kannst. Weil du weißt, wie einsam und verletzlich ich bin. Das ist nicht nett, Nina.«

»Da hätte ich aber bessere Lügen auf Lager. Ich habe einen Mann dazu gebracht, sich den Sack mit Azeton einzureiben und ihn anzuzünden. Was hätte ich davon, einem armen, einsamen Menschen einzureden, dass er gar nicht so einsam und einzigartig ist, wie er glaubt. Das wäre mir viel zu langweilig.«

Jens Jansen schwieg.

»Oder?«, fragte sie.

Plötzlich fiel bei Jens Jansen der Groschen. Zumindest glaubte er es.

»Okay. Du willst also Geld von mir?«, seufzte er.

»Geld?«

»Ja, Geld. Du willst für dein Schweigen bezahlt werden.«

»Bist du verrückt geworden?«

Er seufzte.

»Ich habe nicht viel Geld. Aber ich kann dir meine letzten Piepen geben, wenn ihr mich dafür in Frieden lasst«, sagte er.

»Wer, wir?«, fragte Nina.

»Du und deine Kumpane.«

»Meine Kumpane? Meinst du vielleicht Vladimir, meine Katze? Das ist das Idiotischste, was ich seit Langem gehört habe. Bist du schon paranoid vom Leimschnüffeln?«

Jens Jansen schloss die Augen. Eine Träne lief ihm die Wange hinab. Er wischte sie weg und behielt den Telefonhörer in der Hand. Wenn er doch auf alles pfeifen könnte. Einfach in die Realität springen und sich auf einer Parkbank niederlassen, bis ihn jemand fand. Er würde denen ein Märchen auftischen, wie er vor seinen Kidnappern geflohen war. Eigentlich dürfte es gar nicht schwer sein, seine eigene Entführung zu inszenieren, dachte er. Er müsste bloß eine Kamera aufstellen, sich mit verbundenen Augen und einer Tageszeitung in der Hand davorsetzen und das Foto zusammen mit einem Drohbrief an seine Adresse schicken. Dann würde die Zeitung noch mehr berichten. Er würde zum Helden werden. Sie würden ihn in Therapie schicken, damit er seine Traumata verarbeiten konnte, und danach wäre alles wieder wie früher. Wie früher? Er ließ den Kopf sinken und seufzte tief. Außer, dass er den Rest seines Lebens mit einer großen Lüge leben müsste, die wie eine Aschewolke über ihm hing. Warum sollte er in das Leben zurückkehren, das er aufgrund seiner Verlogenheit und Sinnlosigkeit aufgegeben hatte? Und was würde er tun, wenn man sein Versteck entdeckte und die Wahrheit ans Licht käme? Nein, er hatte keine Wahl. Jens Jansen drückte den Hörer ans Ohr.

»Hallo?«

»Okay, hör zu…«

Jens Jansen lauschte misstrauisch.

»Diese Person ist ziemlich speziell. Sie möchte, dass du sie per Fax kontaktierst. Hast du einen Stift und Papier?«

Das Ganze wird immer bekloppter, dachte Jens Jansen.

»Wer benutzt denn heutzutage noch ein Fax?«, höhnte er.

»Wie gesagt, diese Person ist ein bisschen speziell. Aber sie wird dir helfen können. Sie versteckt sich schon seit vielen Jahren.«

»Warum hast du mir nicht schon früher von ihr erzählt?«

»Die Zeit war noch nicht reif. Wir mussten sichergehen, dass du es wirklich ernst meinst. Die meisten geben nach wenigen Tagen auf und gehen heim. Aber du bist anders.«

»Wer ist wir?«

»Ich meinte, er.«

»Wer ist er?«

»Das darf ich nicht sagen. Du musst ihn selbst fragen. Hast du Stift und Papier?«

Nina wiederholte die Faxnummer zweimal. Jens Jansen notierte sie auf dem rosa Post-it-Block. Dann legte er auf, ohne sich zu verabschieden. Er blieb lange sitzen und dachte nach, bis er endlich aufstand und das alte Faxgerät, das im Regal stand, in die Telefonbuchse stöpselte.

Reach out and touch someone

Um kurz nach zwei in der folgenden Nacht rasselte das Faxgerät in der Abstellkammer. Jens Jansen stand draußen im Büro und beugte sich über einen Golfball. In den Händen hielt er Karl Frids Fünfer-Eisen, mit dem er gerade zum Schlag ausholte. Als Loch diente ein umgekippter Papierkorb in der Lounge. Er hielt mitten im Schlag inne, stellte den Schläger zur Seite und lief zum Faxgerät, um die vielen Seiten aufzufangen, die es ausspuckte. Gespannt ordnete er die lange Nachricht, die sich als ziemlich enttäuschend entpuppte. Sie lautete:

Danke für Ihr Interesse. Um Ihr Anliegen schneller bearbeiten zu können, bitten wir Sie, das folgende Formular auszufüllen und so bald wie möglich an uns zurückzuschicken.

»Muss ich das wirklich schriftlich machen?«, murmelte er, runzelte die Stirn und blätterte den Stapel durch. Es sah aus wie ein Bewerbungsformular: Name, Personennummer, Datum, Unterschrift und viele andere Dinge, für die er im Augenblick keinen Sinn hatte. Jens Jansen sah sehr müde aus. Er hatte sich selbst verschwinden lassen, weil er keinen Sinn mehr in Warenzeichen, Gruppenzwang und ständigen Kompetenzbeweisen sah. Dort draußen ging ein Wettstreit vor sich, bei dem er nicht mehr mitmachen wollte. Nicht einmal am Rand stehen und zuschauen wollte er. Er hatte absolut keine Lust, noch mehr Formulare auszufüllen. Jens Jansen ging zurück zu seinem Golfball und schoss ihn mit voller Wucht gegen den Kaffeeautomaten. Dann legte er den Schläger über die Schulter, lief dem Ball hinterher und kickte ihn in die Lounge, wo er laut klackernd über das Parkett rollte. Jens Jansen fühlte sich betrogen. Am frühen Abend hatte er folgende Nachricht an den unbekannten Empfänger geschickt:

Guten Tag! Ich habe aus einer sicheren Quelle von Ihrem Projekt gehört, das sehr interessant klingt. Bitte schicken Sie nähere Informationen.

Mit freundlichen Grüßen ...

Hier hatte er lange überlegt, dann aber wie folgt unterschrieben:

Ninja

Aufgeregt bangend hatte er die Antwort erwartet. Er war ein Risiko eingegangen, denn die Nummer des Absenders konnte jeden Ermittler in Helm Techs Büroräume führen. Deshalb hatte er die Nachricht absichtlich so vage formuliert, dass sie kaum Aufsehen erregen würde, falls sie bei einem nicht eingeweihten Empfänger auf dem Schreibtisch landete. Der Gedanke, dass es außer ihm noch andere gab, die dem Alltagsleben entflohen waren und sich auf der Arbeit versteckten, war ebenso spannend wie unangenehm. Wer mochte diese Person sein? Wenn es ein Verrückter war, bedeutete dies, dass er selbst verrückt war? Die Tage in der Isolation hatten den Unterschied zwischen normal und unnormal aufgehoben.

Jens Jansen steckte die Hand in die Unterhose, führte sie an die Nase und schnupperte. Stank er schon? Verwirrte und Geisteskranke rochen oft muffig. Schließlich hatte er seit zwei Monaten nicht mehr ordentlich geduscht. Er wusch sich so gründlich wie möglich am Waschbecken, aber das Desinfektionsmittel, das seit dem ersten Ausbruch der Schweinegrippe im Jahr 2009 dort hing, trocknete seine Haut aus, und die Papiertücher hinterließen überall weiße Fusseln. Deodorant hatte er keins, und er traute sich nicht, den Boden in der Toilette zu nass zu machen.

Am Faxgerät auf »Senden« zu drücken, war dasselbe Gefühl gewesen, wie eine Flaschenpost ins Meer zu werfen. Als Kind hatte er dies immer auf den Segeltörns der damals noch nicht getrennten Eltern getan. Als dann das Bewerbungsformular als Antwort kam, war die Enttäuschung groß. Er wollte sich nicht mehr bewerten lassen, keine Nummer in einem Register und keine Ressource mehr sein. Er drehte eines der Blätter um und schrieb mit Filzstift darauf:

Sorry, ich glaube nicht, dass ich der richtige Mann für Euch bin.

Freundlichst, Ninja

Die Antwort kam auf der Stelle.

Ninja, ich bin überzeugt, dass Du der richtige Mann für uns bist!

MfG, Der Dunkle Ritter

»Der Dunkle Ritter?«, murmelte Jens Jansen.

Der Filzstift kratzte übers Papier.

Cooler Name. Aber wer bist Du wirklich?

Ninja.

Er wiederholte die Nummer und drückte auf »Senden«. Die Antwort ließ nicht lange auf sich warten.

Ich bin tot. Ich kommuniziere mit Dir vom anderen Ufer.

MfG, Der Dunkle Ritter

Jens Jansen musterte misstrauisch das alte Faxgerät.

Warum sollten unselige Geister immer nur altmodisch gekleidet sein und in alten Gebäuden wohnen? Auch Gespenster konnten mit der Zeit gehen, in modernen Bürokomplexen leben und elektronische Geräte heimsuchen, warum nicht? Wieder klingelte das Faxgerät.

Verzeihung, ich wollte Dich nicht erschrecken. Ich bin seit mehreren Jahren für tot erklärt. In Wirklichkeit bin ich in höchstem Grade lebendig.

MfG, Der Dunkle Ritter

Da ging Jens Jansen ein Licht auf, und er sah sich das vermeintliche Bewerbungsformular noch einmal genau an. In der oberen Ecke prangte das Wappen des Amtsgerichts. »Rechtsmedizinische Abteilung«, las er still.

Das Dokument war ein leerer Totenschein.

Hallo, ich habe keine Ahnung, wer Du bist, wo Du Dich befindest und warum Du mich kontaktierst. Vielleicht sollten wir uns erst kennenlernen…

Der Filzstift blieb über dem Papier in der Luft hängen. Jens Jansen war seltsam zumute. Wer schickte ihm solche Nachrichten? Vielleicht war es ein Psychopath oder gar ein Serienmörder? Jens Jansen riss entsetzt die Augen auf.

»Ist es vielleicht der Tod, der mich holen will?«, flüsterte er. Eins war klar: Er hatte in letzter Zeit viel Gewicht verloren. Vielleicht war seine Zeit gekommen. Selbst der Tod hatte seine Arbeitsmethoden wohl modernisiert. Kapuzenumhang und Sense taugten im 21. Jahrhundert nichts mehr. Heute kam die Todesbotschaft per Fax. Bestimmt haben sie unter dem Styx auch einen Eisenbahntunnel gebaut, dachte er. Wer würde noch in einen alten Kahn steigen? Ein Hochgeschwindigkeitszug musste her! Mit drahtloser Verbindung zu höheren Mächten. Styx-Express, vom Erdenleben ins Totenreich in zwanzig Minuten. »In wenigen Minuten erreichen wir die andere Seite. Danke, dass Sie sich für Styx-Express entschieden haben, die schnellste und umweltfreundlichste Verbindung. Leider werden wir Sie nie wieder als unseren Fahrgast begrüßen.«

Jens Jansen schüttelte den Kopf. Nein, noch war er nicht tot! Noch nicht. Wieder rasselte das Faxgerät. Jens Jansen riss das Papier an sich und las.

Ich stehe direkt hinter Dir.

Something special in the air

Im selben Moment hörte Jens Jansen das vertraute »Pling« des Aufzugs. Er schlich zur Tür und sah sich im Büro um. Jemand befand sich im sechsten Stock. Er schlich weiter an das Panoramafenster zum Lichthof. Auf dem Steg zum Treppenhaus (der nach 20 Uhr angeblich mit einem Alarm gesichert war) stand eine kleine, rundliche Gestalt. Aber was, zum Teufel, trug sie? Ein Superheldenköstüm? Dunkelgrau, mit Maske und gelbem Emblem auf der Brust. Sie war die Juniorversion von Batman. In den Händen hielt der Unbekannte eine Fernsteuerung mit langer Antenne, und unter dem Glasdach des Lichthofs zog ein Cessna-Modell seine Kreise.

Wenn das der Tod war, sollte er besser auf sein Warenzeichen achten, dachte Jens Jansen und ging zur Tür. Es war völlig in Ordnung, das alte Sensenmann-Image aufzupolieren, aber das hier war schlicht und einfach unseriös. Er zog die Skimaske über den Kopf und drückte auf den Türöffner.

»Hallo, Sie! Was tun Sie hier?«, rief er dem Batman-Verschnitt zu.

»Ich lasse mein Flugzeug fliegen«, antwortete die Gestalt hinter der Batman-Maske. Der Dialekt ließ vermuten, dass sie in Tornedalen aufgewachsen war.

»Ja, das sehe ich. Aber die Brücke ist alarmgesichert. Unbefugte haben keinen Zutritt«, sagte Jens Jansen.

»Keine Sorge, ich habe den Alarm ausgeschaltet. Achtung, gleich landet sie.«

Das Modellflugzeug sank tiefer und nahm Kurs auf Jens Jansen.

»Würdest du bitte die Tür aufhalten?«

Jens Jansen gehorchte instinktiv und duckte sich, als das Flugzeug in Helm Techs Luftraum einflog und bei der Rezeption gegen die Wand knallte.

»Macht nichts, ich hab noch viele davon.«

Jens Jansen starrte den kleinen Mann verwirrt an, der die Hand zum Gruß ausstreckte.

»Nett, dich kennenzulernen. Ich bin der Dunkle Ritter. Aber wenn du willst, kannst du mich auch Batman nennen.«

»Okay. Ich heiße Jens Jansen… Nein, Mist, vergiss es.« Er hielt einen Augenblick inne. »Nenn mich Ninja.«

Er wiederholte den neuen Namen auf Amerikanisch, weil es dramatischer klang.

»Nin-yah.«

Der kleine Superheld sah ihn kopfschüttelnd an.

»Ist es okay, wenn ich dich einfach nur Jens nenne? Sei nicht böse, aber Ninja klingt ein bisschen lächerlich.«

Jens Jansen blickte sauer durch die Öffnung der Skimaske.

»Na gut. Aber wie heißt du? Wohl kaum Batman, wenn wir schon bei lächerlichen Namen sind.«

»Nein, das stimmt. Ich dachte nur, das würde gut zu den Kleidern passen.«

»Bist du ein Fan von Superhelden?«

»Nein, eigentlich nicht. Ich bin nur zufällig auf ein Paket mit dem Kostüm gestoßen. Es war für Funny Products in Förslöv. Zufällig meine Größe, und es ist richtig bequem.«

Jens Jansen nickte misstrauisch.

»Und wie ist dein richtiger Name?«

»In der Gegenwart habe ich keinen. Oder genauer gesagt: Ich heiße, wie ich gerade will. Aber früher hieß ich mal Janne. Ich bin nämlich tot, weißt du.«

Jens Jansen musterte das Gesicht hinter der Maske. Es hätte einem Zwölfjährigen gehören können: rosige Haut, glatt rasiert und pausbäckig. Seine Stimme klang, als wäre er noch nicht im Stimmbruch. Er hatte schmale Schultern, und unter dem Superheldenkostüm wölbten sich ein Bierbauch und ein paar spitze Männerbrüste. Dem Vokabular nach zu urteilen war er ein Mann mittleren Alters.

»Du bist also nicht der Tod?«

»Nein, wo denkst du hin?«

»Du hast mich nicht schon lange begleitet und willst mich jetzt holen?«

»Nein, ich *bin* tot, nicht *der* Tod.«

»Verstehe«, sagte Jens Jansen.

»Ich kann nur empfehlen zu sterben«, sagte Batman. »Es ist fantastisch. Ich war auf meiner eigenen Beerdigung. Saß mit einer dicken Sonnenbrille in der letzten Reihe. Keiner hat was gemerkt.«

»Keiner?«

»Nein, echt nicht. Die haben alle geheult und den Sarg angestarrt. Ich hab mich innerlich totgelacht – aber das war ich ja schon.«

»Aha…«

»Ja, das war echt komisch.«

»Okay…«

»Du musst nur den Totenschein ausfüllen, den ich dir geschickt habe, dann erledigt Liv den Rest.«

»Liv?«

»Ja, unsere Frau bei der Behörde.«

Der kleine Mann zeigte auf sein havariertes Flugzeug.

»Darf ich reinkommen?«

Jens Jansen trat zur Seite und ließ den Dunklen Ritter herein. Dieser bückte sich hinter die Rezeption und sammelte die Trümmer auf.

»Hm. Lässt sich vielleicht noch reparieren«, murmelte er hinter der Maske mit den spitzen Ohren. »Aber deswegen bin ich nicht hier.«

Der Mann verschränkte die Hände hinter dem Rücken und musterte Jens Jansen von Kopf bis Fuß. Dann sah er auf seine überdimensionierte Digitaluhr und fragte, ob Jens Jansen ein paar Minuten Zeit hätte. Hatte er.

»Gut, dann kann ich dir ein wenig über unsere Organisation erzählen.«

Because first impressions last

Als Jens Jansen am nächsten Nachmittag aufwachte, war er überzeugt, dass alles nur ein Traum gewesen war. Der kleine Mann im Superheldenkostüm, der sich vollen Ernstes als der »Dunkle Ritter« vorgestellt hatte. Da spürte er ein Jucken am Arm. Es juckte höllisch. Der ganze Unterarm war geschwollen, als hätte er ihn in ein Wespennest gesteckt. Er sah nach und entdeckte erstaunt, dass er einen Verband trug, der mit normalem Tesafilm umwickelt war. Vorsichtig nahm er den Verband ab. Auf der geröteten Haut prangte eine äußerst dilettantisch ausgeführte Tätowierung, zwei chinesische Schriftzeichen. Auf dem Boden neben dem Schlafsack lag ein an das rechtsmedizinische Institut adressierter Briefumschlag, der den Totenschein enthielt. Jemand hatte seinen Namen, seine Personennummer sowie Größe und Gewicht eingetragen. Die Handschrift sah aus wie seine eigene. Er hatte also nicht geträumt, sondern wirklich Besuch von dem rundlichen, kleinen Mann gehabt, der seit Jahren untergetaucht und für tot erklärt war. Stück für Stück kam die Erinnerung an die Ereignisse der letzten Nacht zurück, wie ein Bild mit hoher Auflösung, das man über ein altes Telefonmodem herunterlädt. Der Dunkle Ritter hatte ihm erklärt, wie er seinem Beispiel folgen und im Tal der Schatten leben konnte, wenn er es wollte. Er musste nur den Totenschein ausfüllen und ihn an einen Todesengel namens Liv in der Rechtsmedizin schicken. Liv würde seine Angaben aufbewahren, bis ein unidentifizierter Toter gefunden wurde, der in etwa seine Maße hatte. Dann würde sie die Leiche kurz vor der Einäscherung als Jens Jansens identifizieren. Alle Beweise würden zu Asche verbrannt, und er wäre frei.

»Die meisten Leichen werden über ihre Zähne identifiziert. Liv hat Zugang zu einem entsprechenden Register. Etwas vereinfacht könnte man sagen, dass sie einem anonymen Toten dein Gebiss einsetzt.«

Selbstverständlich hatte Jens Jansen protestiert.

»Aber die Angehörigen des Toten müssen doch merken, dass was nicht stimmt. Ein Körper kann doch nicht einfach verschwinden.«

»Diese Menschen haben keine Angehörigen. Sie tauchen erst als Leiche auf, und keiner weiß, wer sie sind. Sie sind Flüchtlinge ohne Papiere oder ausländische Kriminelle, die von anderen Gangstern ermordet wurden. Oder stinknormale schwedische Bürger, die einsam leben und sterben. Keiner vermisst sie, wenn sie an einer Krankheit sterben, einen tödlichen Unfall haben oder Selbstmord begehen«, sagte der Maskierte.

Sie hatten mit ein paar Pappbechern Automatenkaffee in der Lounge Platz genommen. Die Beine des kleinen Superhelden waren so kurz, dass seine Füße kaum den Boden berührten.

»Die meisten werden erst gefunden, wenn die Nachbarn sich über den Gestank beschweren.«

»Gibt es viele solche Menschen?«, fragte Jens Jansen.

»Mehr, als du dir vorstellen kannst.«

Die Worte blieben in der Luft hängen, während Jens Jansen grübelte.

»Hast du Kinder?«, fragte der Dunkle Ritter.

»Nein«, antwortete Jens Jansen.

»Bist du kriminell?«

»Was!?«

»Ich meine, hast du vielleicht jemanden umgebracht, Geld veruntreut oder Werttransporte überfallen?«

»Nein, natürlich nicht.«

»Sehr gut. Liv hat nämlich ihre Prinzipien.«

»Was für Prinzipien?«

»Ganz einfach: Sie findet, dass jeder ehrliche Mensch die Chance verdient, ein neues und besseres Leben anzufangen. Dann kann man einer von uns werden.«

»Von uns?«

Batman hatte die Frage erwartet. Er stand auf, holte einen Notizblock und malte zwei große, chinesische Schriftzeichen auf ein Blatt. Jens Jansen erkannte sie sofort wieder, von den unzähligen Motivationsvorträgen, die er sich als Brand Manager hatte anhören müssen. Schon beim Anblick der Zeichen schnürte sich sein Magen zusammen. Batman klopfte mit dem Stift auf den Block.

»Weißt du, was diese Zeichen bedeuten?«

Jens Jansens schlimmste Befürchtung schien sich zu bewahrheiten. Der Mann im Batman-Kostüm war offenbar geisteskrank. Und damit nicht genug. Er war nicht nur verrückt, sondern hatte obendrein zu viel Motivationsliteratur gelesen. Verächtlich betrachtete Jens Jansen die beiden Schriftzeichen.

»Ja, ja. Ich weiß, was sie bedeuten«, sagte er müde. »Es ist das Zeichen für ›Krise‹. Und als Nächstes willst du mir weismachen, dass es aus den Zeichen für ›Risiko‹ und ›Chance‹ zusammengesetzt sei. Aber leider muss ich dir sagen, dass du dich irrst. Das ist bloß ein Mythos, den sich Betriebsberater und Motivationstrainer ausgedacht haben.«

Der Dunkle Ritter hörte nicht zu.

»Wei Ji. Das ist das Symbol unserer Bewegung. Das sind wir.«

Jens Jansen nahm die Brille ab und rieb sich die Augen.

»Was sind wir?«, fragte er noch müder.

»Natürlich kenne ich die wirkliche Bedeutung des Wortes. Wir benutzen die gängige Fehldeutung, weil wir sie lustig finden. Aber auch, weil wir in unserer Bewegung der Überzeugung sind, dass die gegenwärtige ökonomische Krise uns Chancen auf ein neues Leben bietet. Dass tatsächlich eine einmalige ›Chance‹ im ›Risiko‹ liegt.«

Der Mann malte mit zwei Fingern Anführungszeichen in die Luft. Jens Jansen schüttelte resigniert den Kopf. Die kleinwüchsige Gestalt krempelte die Ärmel des Kostüms hoch und streckte den Arm aus.

»Die Stockholmer sind das am meisten tätowierte Volk der Erde. Aus nicht nachvollziehbaren Gründen verzieren viele Menschen ihre Körper mit massenproduzierten chinesischen Weisheiten. Das ist perfekt für uns, weil wir mit der Masse verschmelzen und einander zugleich identifizieren und kommunizieren können. Aber vor allem …«

Der Dunkle Ritter schüttelte den behandschuhten Zeigefinger: »… ohne Tätowierung kommst du nicht nach Softopia.«

Jens Jansen starrte ihn verständnislos an.

»Und was, zum Teufel, ist Softopia?«

Live life to the max

»Stell dir ein Bürogebäude wie dieses vor, nur viel größer«, sagte der Dunkle Ritter mit einem seligen Lächeln auf den Lippen und schwang die Arme über dem Kopf, als wollte er eine riesige Kathedrale andeuten.

Jens Jansen starrte die kleine Gestalt ausdruckslos an.

»Stell dir eine ganze Etage vor, die mit den komfortabelsten Betten möbliert ist, die man auf dem Markt findet. Kuschelige Daunendecken, ergonomische Kissen und eine Klimaanlage, die frische, kühle Luft produziert.«

Seit wann verkleiden sich Immobilienmakler als Batman?, fragte sich Jens Jansen.

»Dort schlafen wir. Wir schlafen tief und fest, und vor allem lange, jeden Tag. Ja, wir betrachten den Schlaf als politische Handlung. Als Protest gegen die protestantische Arbeitsethik, die unsere Welt verdorben hat.«

Jens Jansen sah ihn fragend an.

»Äh… okay?«

»Dann stell dir die Wohnetage vor: jede Menge Sitzsäcke und Couchtische, Hängematten zwischen den Säulen. Auf dem Boden ein weicher, grüner Teppich, auf dem man wunderbar barfuß läuft. Fast wie echtes Gras, aber ohne lästige Pollen.«

Der pausbäckige Superheld zog eine horizontale Linie in der Luft.

»Eine ganze Wand besteht von oben bis unten aus

Bücherregalen. Das ist die Bibliothek. Tausende von Büchern, die du schon immer lesen wolltest, aber nie geschafft hast, weil du ständig produktiv und gewinnbringend arbeiten musstest.«

Jens Jansen lachte mitleidig. Kein Zweifel, der Mann hatte ein mentales Problem.

»Stell dir eine riesige Heimkino-Anlage vor und DVDs mit allen Filmen und Serien der Welt. Dazu eine große Hobbywerkstatt, ein Musikstudio, Tischtennisplatten und ein Basketballfeld. Und nie versiegende Getränkeautomaten voller Blubberlutsch.«

Jens Jansen stutzte.

»Blubberlutsch? Das gibt's doch nur in Entenhausen?«

Der Maskierte ließ sich nicht stören.

»Und eine riesige Spielhalle mit den beliebtesten Spielen von 1982 bis 1997.«

»82 bis 97«, wiederholte Jens Jansen nachdenklich. »Das klingt wie ein Shangri-La für vorpubertäre Jungs.«

Der Dunkle Ritter ignorierte ihn. Er war ganz in seiner eigenen Welt.

»Im Keller gibt es ein Schwimmbad, Whirlpools und jeden Luxus, den du dir vorstellen kannst. Aber vor allem: Niemand verlangt, dass du arbeitest. Im Gegenteil, es ist sogar streng verboten.«

Er seufzte tief und blickte sehnsüchtig.

»Das«, sagte er, »ist Softopia.«

Offenbar hatte der Mann im Faschingskostüm jeden Bezug zur Wirklichkeit verloren.

»Aber was tut man den ganzen Tag, wenn man nicht arbeiten darf?«

»Was du willst. In Softopia kannst du chillen, abhängen, Dauerurlaub machen, warten…«

»Worauf?«

Der Dunkle Ritter zuckte mit den Schultern.

»Auf die große Krise. Die Wirtschaftskrise wird eine viel schlimmere politische und soziale Krise werden, als wir heute auch nur ahnen.«

»Schlimmer als in den Dreißigerjahren?«

»Dagegen waren die Dreißigerjahre ein Spaziergang.«

Jens Jansen schüttelte misstrauisch den Kopf.

»Es wird mit einer großen Energiekrise beginnen. Die Leute reden immer von wirtschaftlichen Defiziten und knappem Budget, aber das wahre Problem wird der Strom. Irgendwann kommt ein kalter Winter, und er reicht nicht mehr aus. Unsere Gesellschaft ist einfach zu komplex und unser Energiebedarf zu hoch geworden.«

»Was geschieht dann?«, fragte Jens Jansen. Dystopien hatten ihn schon immer fasziniert, auch wenn sie von Verrückten kamen.

»Viele gesellschaftstragende Institutionen bekommen schon beim ersten längeren Stromausfall Probleme. Krankenhäuser, Banken, Internet, Mobilfunk. Ohne Strom funktioniert praktisch gar nichts mehr – allem voran die Kühlsysteme unserer Kernreaktoren. Forsmark und Ringhals werden ein zweites und drittes Fukushima.«

Der Dunkle Ritter kritzelte Pfeile, die in alle Richtungen zeigten, auf einen Notizblock.

»Die radioaktiven Wolken werden in Richtung der Städte geweht. Wahrscheinlich kommen sie nicht einmal dort an, aber das spielt keine Rolle, denn die Menschen werden in Panik flüchten. Radioaktivität sieht, hört und riecht man nicht. Du merkst es erst, wenn du Blut scheißt. Die Gesundheits-, Sicherheits- und Finanzsysteme werden zusammenbrechen, weil die Funktionäre panisch das Weite suchen.«

»Woher weißt du das?«

»Weil es offizielle Untersuchungen gibt. Die Ergebnisse werden vertuscht, weil die Kernkraftlobby Druck macht. Aber es sind öffentlich zugängliche Dokumente, man muss nur hartnäckig genug bei der Strahlenschutzbehörde nachhaken.«

Jens Jansen rang nach Luft.

»Und wann, glaubst du, wird das eintreffen?«

»Jederzeit. Morgen. In fünfzig Jahren. In dreihundert Jahren. Wir brauchen nur einen längeren, kompletten Stromausfall in einer Kommune mit Kernkraftwerk. Viele Menschen glauben, Naturkatastrophen oder Terrorangriffe seien das Gefährlichste an der Kernkraft. Aber sie vergessen eins.«

»Was denn?«

»Sie vergessen, dass der größte Teil des europäischen Strommarktes privatisiert ist. Die Besitzer der Kernkraftwerke sind börsennotierte Unternehmen, und die stürzen in Zeiten ökonomischer Unruhe schnell ab. Dann bleibt die staatliche Stromgesellschaft allein auf dem Atommüll sitzen. Wir haben die Verantwortung für das gefährlichste Gift der Welt auf private Börsenunternehmen übertragen!«

»Aber die Menschen werden doch immer Strom brauchen?«

»Die schwedische Kernindustrie hat Mittel für die Entsorgung zurückgelegt. Aber es ist mehr als einmal passiert, dass Geld über Nacht seinen Wert verliert. Denk an Deutschland in den Dreißigern. Die Leute haben ihre Wände mit Banknoten tapeziert. Und damals gab es noch keinen Abfall, der zu tödlichem Gift wird, wenn jemand den Stecker rauszieht.«

Jens Jansen trank einen Schluck kalten Kaffee.

»Genauso gut könnte man einem Herzpatienten selbst die Verantwortung für seinen Defibrillator überlassen.«

»Davon verstehe ich nichts. Aber seit ich die Hattifnatten aus den Muminbüchern kenne, habe ich Angst vor Elektrizität«, sagte Jens Jansen.

»Das geschieht natürlich nicht über Nacht, sondern allmählich, man bemerkt es kaum. Aber diese Krise wird die moderne Gesellschaft an den Rand ihrer Existenz bringen«, prophezeite der Dunkle Ritter. »Und es kann noch schlimmer kommen: Ein ökologischer Kollaps, eine Pandemie durch multiresistente Bakterien oder ein Krieg mit schmutzigen Kernwaffen. Alles realistische Zukunftsszenarien.«

»Mann, du klingst wie ein Weltuntergangsprophet. ›Das Ende ist nah‹ und so.«

Der Dunkle Ritter zuckte mit den Schultern und lachte.

»Es gibt einfach keinen vernünftigen Grund mehr, Teil dieser Zivilisation zu sein. Softopia ist unser Refugium in diesen schweren Zeiten. Die letzte Chance, all die wunderbare Zerstreuung zu genießen, die unsere Kultur trotz allem hervorgebracht hat.«

»Ist es sehr teuer, in Softopia zu wohnen?«

»Nein, es kostet keinen müden Heller.«

»Wie kommt man dorthin?«

Der Dunkle Ritter sah ihn verschlagen an.

»Es gibt nur einen Weg. Jemand, der die Adresse kennt, schickt dich in einem Paket dorthin.«

Jens Jansen starrte den rundlichen Mann verdutzt an, dann brach er in lautes Gelächter aus. Was dann geschah, verschwamm in seiner Erinnerung. Er hatte große Mengen Leim inhaliert, um den Schmerz der Tätowierungsnadel zu betäuben. Vor seinen Augen sah er einen See aus schwarzer Tinte. Er hörte das Surren der Tätowiermaschine, die aus einem Telefonakku, einer Nähnadel, Knöpfen, Zahnseide, einem Minenbleistift und dem Motor eines alten Rasierapparats zusammengebastelt war. Er spürte die Stiche im Unterarm und sah das Zeichen, das entstand: Wej Ji. Risiko. Chance.

The mark of a man

Er schlang eine weitere Portion gefriergetrocknetes Chili zum Abendessen hinunter, rollte die knallgelbe Tüte fest zusammen und versteckte sie zuunterst in Stefan Yorks Papierkorb. Draußen versuchte ein Herbststurm, die Scheiben einzudrücken. Die Laternen schwankten, und der Regen peitschte auf den Asphalt. Jens Jansen war froh, dass sein Zelt nicht im Freien stand. Er kroch in den Schlafsack und knipste die Stirnlampe aus. Sein linker Arm mit der frischen Tätowierung schmerzte, er konnte nicht schlafen. Als das Büro am Morgen zum Leben erwachte und die Dioden der Telefonanlage zu blinken begannen, lag er immer noch wach. Seufzend nahm er den Hörer ab und lauschte Gunnar Lidéns knochentrockener Stimme: »Willkommen bei Helm Tech. Guten Morgen, Sie sprechen mit Gunnar Lidén.«

»Guten Morgen«, antwortete eine heisere Stimme. Jens Jansen erkannte sie sofort wieder. Hastig richtete er sich auf. Vielleicht war sie etwas dunkler und rauer geworden, seit er sie zum letzten Mal gehört hatte, und das war zehn Jahre her. Kein Zweifel, er war es.

»Guten Morgen, mein Name ist Björn Jansen.«

»Guten Morgen«, wiederholte Gunnar Lidén.

»Hallo? Wissen Sie nicht, wer ich bin?«, blökte die Stimme und lachte. Kein anderer lachte wie er: entwaffnend und bedrohlich zugleich.

»Nein, nicht direkt«, antwortete Gunnar Lidén vorsichtig.

»Sie sprechen mit dem Gründer dieser Firma. Karl Blom und ich haben sie vor langer Zeit ins Leben gerufen. Damals hieß sie noch Athena. Man könnte also sagen, dass Sie ohne mich nicht an Ihrem Schreibtisch säßen.«

»Okay«, antwortete Gunnar Lidén. »Was kann ich für Sie tun?«

»Ich weiß nicht, ob Sie sich meinen Nachnamen gemerkt haben. Erinnert er Sie vielleicht an irgendjemanden?«

»Verzeihung, wie war noch der Name?«

»Jansen.«

»Jansen?«

»Ja, Jansen. Sie sind doch verantwortlich für das Personal, oder nicht?«

»Jansen, Jansen, Jansen…«, murmelte Gunnar Lidén.

»Mein Sohn arbeitet bei Ihnen. Er heißt Jens Jansen.«

»Jens Jansen?«

»Ja. Wir haben aus verschiedenen Gründen lange Zeit keinen Kontakt mehr gehabt.«

Gunnar Lidén seufzte angespannt.

»Das tut mir leid. Vielleicht haben Sie nicht gehört, was geschehen ist?«

»Vor ein paar Tagen hat ein Polizist angerufen und mir dumme Fragen gestellt. Ich habe nicht begriffen, warum. Er sagte, es sei eine reine Routineangelegenheit und dass sie Jens sicher bald finden würden. Und dann schlug ich die Zeitung auf und sah das Bild meines Sohnes. Aus dem Artikel geht mehr oder weniger hervor, dass der Junge tot ist.«

»Ich bedaure. Die Polizei befürchtet das Schlimmste.«

Gunnar Lidén klang gestresst. Trauernde Menschen trösten war nicht sein Ding.

»Sie haben doch zusammen gearbeitet«, sagte der Vater vorwurfsvoll. »Hat denn niemand bemerkt, dass etwas nicht gestimmt hat mit ihm?«

»Doch, äh, also… Nun kümmert sich ja die Polizei um die Sache. Ich schlage vor, dass Sie dort anrufen.«

»Haben Sie nie miteinander geredet?«

Die Stimme des Vaters warf Jens Jansen um Jahre zurück. Vor seinem inneren Auge sah er das fünfzehnstöckige Mietshaus, in das seine Mutter und er nach der Scheidung gezogen waren. Die dröhnende Autobahn, die dicht an den Wohnsilos vorbei verlief. Die windgepeitschten, kahlen Äcker auf der anderen Seite. Den klaustrophobischen Aufzug. Die Umzugskartons, die nie ausgepackt wurden. Pillenschachteln, die sich im Badezimmer stapelten. Die stets verschlossene Schlafzimmertür. Die Garderobe mit den Wintermänteln, in die Jens Jansen sich heimlich einwickelte, weil sie nach Papa rochen. Die Stimme seines Vaters am Telefon.

»Das kann unmöglich wahr sein. Mein Junge würde so etwas nie tun. Er hat gelernt, in jeder Lage positiv zu denken.«

Zum ersten Mal im Leben hörte Jens Jansen seinen Vater schluchzen. Er konnte es kaum glauben.

»Verzeihen Sie«, unterbrach ihn Gunnar Lidén. »Kann ich Ihnen irgendwie helfen?«

Björn Jansen schniefte laut.

»Pfeifen Sie ein Liedchen mit mir.«

»Ein Liedchen pfeifen?«

»Ja. Kennen Sie Dale Carnegie?«

»Der Name kommt mir bekannt vor.«

»Gestatten Sie mir, aus dem wichtigsten Buch meines

Lebens zu zitieren: Dale Carnegies *Wie man Freunde gewinnt: Die Kunst, beliebt und einflussreich zu werden.* Wenn Sie etwas im Leben erreichen wollen, mein Junge, kann ich Ihnen diese Lektüre nur wärmstens empfehlen.«

Er räusperte sich, und Jens Jansen wusste genau, was folgen würde. Während der Vater seinen Lehrmeister zitierte, formte er die Worte stumm mit.

»Ihnen ist nicht nach Lächeln zumute? Was tun? Zwei Dinge. Erstens: Zwingen Sie sich dazu. Wenn Sie allein sind, zwingen Sie sich, eine Melodie zu pfeifen, zu singen oder zu summen. Tun Sie, als wären Sie glücklich, und es wird Ihnen leichter fallen, glücklich zu sein.«

»Bemerkenswert«, murmelte Gunnar Lidén verunsichert.

»Lassen Sie uns gemeinsam pfeifen.«

Aus dem Hörer drang eine kleine Melodie.

Once you pop, you can't stop

»Also. Notieren Sie sich meine Nummer hier in Spanien, und rufen Sie mich an, falls Sie etwas hören, in Ordnung?«, sagte Björn Jansen.

»Okay«, antwortete Gunnar Lidén.

Björn Jansen diktierte seine spanische Handynummer. In der Abstellkammer saß Jens Jansen und schrieb auf einem gelben Post-it-Zettel mit.

Es folgten zehn lange Stunden der Seelenpein.

Sein Vater hatte ihm den Rücken zugekehrt, als er ihn am meisten gebraucht hätte. Er hatte ihn mit der immer kränker werdenden Mutter allein gelassen. Nicht einmal zu ihrer Beerdigung war er gekommen, und seitdem war er für Jens Jansen ebenfalls gestorben und begraben gewesen. Ab und zu kamen Postkarten aus Spanien, die sofort in den Müll wanderten. Wenn der Vater anrief, weigerte er sich, ans Telefon zu gehen. Stattdessen hatte der Alte mehrmals mit Mari geredet. Die beiden schienen sich gut zu verstehen, was Jens Jansen wütend machte. Er selbst hielt an seinem Schwur fest, nie wieder Kontakt zu seinem biologischen Vater aufzunehmen. In der Welt eines Zwölfjährigen war das, was er getan hatte, unverzeihlich. Ein Vater verlässt sein Kind und seine Familie nicht.

Als Kind hatte er sich oft ausgemalt, wie sein Vater reagieren würde, wenn er erfuhr, dass sein Sohn plötzlich gestorben war. Heute schien ihm dies sinnlos und pathe-tisch. Gut, sein Vater war ein Idiot, aber deswegen ver-diente er es trotzdem nicht, in dem Irrglauben zu leben, sein einziger Sohn sei tot.

»Okay«, murmelte er und dachte nach. Sie mussten ja nicht gleich beste Freunde werden, zusammen Weihnach-ten feiern oder Tennis spielen. Sein Vater sollte sich mit der knappen Information zufriedengeben, dass sein Sohn irgendwo in der Welt am Leben war. Dann sollte der Alte ihn in Frieden lassen. Schließlich hatte er sein halbes Le-ben lang getan, als hätte er keinen Sohn. Blieb nur noch die Frage, wie man eine solche Mitteilung am besten for-mulierte.

I go cuckoo for Cocoa Puffs!

Am selben Abend setzte er sich im dunklen Büro an Stefan Yorks Schreibtisch und drehte den gelben Zettel in der Hand. Dann wählte er die Nummer. Die Ziffern erschienen auf dem Display. Nach kurzem Zögern drückte er die Anruftaste. *Erster Freiton.* Was sollte er seinem Vater sagen? Hatten sie sich überhaupt etwas zu sagen? Sollte er ihm erzählen, wie es sich anfühlte, wenn keiner der Eltern an seinen Geburtstag dachte? *Zweiter Freiton.* Wie es war, in einem viel zu großen Trikot mit der Nummer eins auf dem Rücken gerade das entscheidende Tor durchgelassen zu haben und seine Mannschaftskameraden mit hängenden Schultern zur Mittellinie zurückgehen zu sehen, weil er im entscheidenden Augenblick zu der Gruppe von Eltern an der Seitenlinie hinübergeschaut hatte, nur um festzustellen, dass er wieder nicht da war. *Dritter Freiton.* Oder sollte er ihn fragen, was ein Vierzehnjähriger mit diesem Buch anfangen sollte, das sein Vater ihm geschenkt hatte, bevor er sie verließ. *Wie man Freunde gewinnt: Die Kunst, beliebt und einflussreich zu werden.* Das erste Selbsthilfebuch, erschienen 1936. Über 50 Millionen verkaufte Exemplare an Verlierer auf der Suche nach einem neuen, erfolgreichen Leben. Vielleicht sollte er seinen Vater vom Gegenteil überzeugen: Es gab keinen schnellen und leichten Weg, neue Freunde zu finden oder seine Popularität zu steigern. Niemand schätzte ein aufgesetztes, krampfhaftes Lächeln. Im Gegenteil, es erzeugte Unbehagen, wenn nicht gar Abscheu. Die Leute wurden nicht freundlicher, weil man sich an ihren Namen erinnerte oder so tat, als interessiere man sich für ihre Hobbys. Dale Carnegie zufolge war das Vermögen, gut zuhören zu können, der direkte Weg zum Erfolg. Offenbar hatte der Autor nie eine schwedische Oberstufe besucht. Sollte er seinem Vater erzählen, dass es nicht half, sich zum Lächeln zu zwingen, wenn man im Innern keine Freude fühlte? Dass man sich kein bisschen weniger einsam fühlte, bloß weil man ein Liedchen pfiff? Oder sollte er ihm einfach nur sagen, dass er am Leben war und dass es ihm gut ging? Dass er sich keine Sorgen machen müsse. Der vierte Freiton ertönte, und das Gespräch wurde an eine spanische Stimme vom Band weitergeleitet. Beim Piepton legte Jens Jansen auf.

Priceless

Stefan York strich das Hemd glatt, wusch sich die Hände und kontrollierte noch einmal, ob auch kein Sperma an den Kacheln oder an seiner Hose klebte. Nein, er war fleckenfrei. Er rückte das drahtlose Headset hinter dem Ohr zurecht, räusperte sich laut und öffnete die Toilettentür. In der offenen Bürolandschaft herrschte Totenstille. Seine Kollegen starrten ihn an, als wären sie eine Herde Rotwild auf der Autobahn und er ein Lastwagen, der mit aufgeblendeten Scheinwerfern durch die Nacht donnerte. Höchste Zeit für eine Vollbremsung. Er hob die Hände mit einer Geste der Unschuld.

»Wassup?«

Damit hatte er nicht gerechnet. Überhaupt nicht. Mit zögernden Schritten ging er zu seinem Schreibtisch. Er schluckte laut. Ein metallischer Geschmack lag auf seiner Zunge. Diskret tastete er nach, ob er den Hosenstall offen gelassen hatte. Nein, der Reißverschluss war zu. Er spürte, dass irgendetwas ganz fürchterlich schiefgelaufen war. Dass er irgendeine Kleinigkeit mit verheerenden Konsequenzen übersehen hatte. Verzweifelt untersuchte er alles, was zur Routine gehörte. Ein Kollege zog eine Grimasse, ein anderer unterdrückte ein Lachen. Ein dritter schüttelte nur den Kopf. Elisabeth Pukka verschränkte die Arme vor der Brust und sah ihn verächtlich an. Verwirrt schaute Stefan York sich um. Sein Lächeln war zu einem dämlichen Grinsen gefroren, Schweißtropfen standen ihm auf der Stirn. Stefan York ließ sich auf seinen Stuhl fallen und versteckte sich hinter dem Monitor. Da bemerkte er, dass der kleine, lilafarbene Knopf an seinem Telefon gedrückt war. Er fügte die Buchstaben im Kopf zusammen: SPEAKER. Stefan York schloss die Augen, als würde er dadurch unsichtbar. Er zuckte zusammen, als sein Telefon klingelte. Mit zitternden Händen fummelte er an seinem Headset.

»Hallo?«

Stefan Yorks Kollegen spitzten die Ohren.

»Okay, ich komme.«

Stefan York stand auf und schritt auf Karl Frids Büro zu. Die Blicke der Kollegen bohrten sich wie Laserstrahlen in seinen Rücken. Gunnar Lidén erwartete ihn mit zusammengekniffenen Lippen, aber sein triumphierender Blick verriet, was er dachte. Dies könnte der beste Tag in seinem Leben werden. Die Tür zu Karl Frids Büro fiel hinter den zwei Männern zu und blieb lange Zeit geschlossen. Stefan Yorks murmelnde Stimme drang durch die dünnen Gipswände, Schattenrisse zeichneten sich auf der Milchglasscheibe ab. Schließlich ging die Tür wieder auf, und das leise Getuschel in der Bürolandschaft verstummte schlagartig. Dort drinnen stand der Office Manager Gunnar Lidén mit seiner weißen Halskrause. Er bemühte sich, die Fassung zu bewahren, doch um seine Lippen zuckte ein schadenfrohes Grinsen. Mit auf den Boden gerichtetem Blick und den Mund zu einem kleinen Anus geformt, ging Stefan York in seine Ecke, nahm Fahrradhelm und Radtasche vom Haken und begab sich ohne ein Wort zum Ausgang. Unterwegs trat er fest gegen einen Papierkorb, dessen Inhalt sich über den Boden verteilte.

Die Ursache seines plötzlichen Aufbruchs war eine Telefonrechnung samt Auflistung der gewählten Nummern, die am selben Vormittag auf Gunnar Lidéns Schreibtisch gelandet war. Sie war im Vergleich zum Vormonat um über 900 Prozent gestiegen. Eine beträchtliche Anzahl der Gespräche war zu einer gebührenpflichtigen Nummer gegangen, die 19,90 Kronen pro Minute kostete. Gunnar Lidén hatte die Nummer gegoogelt und war zu Tode erschrocken, als auf dem Bildschirm jede Menge nackte Haut erschien. Verschämt schloss er die Seite, worauf sich mehrere Pop-up-Fenster mit animierten Kopulationen in verschiedenen Stellungen öffneten. Gunnar Lidéns hochrote Ohren setzten sich deutlich von seiner weißen Halskrause ab. Er konstatierte: Irgendjemand bei Helm Tech widmete seine Arbeitszeit Telefonsex mit »heißen, willigen Bräuten«. Leider ging aus der Rechnung nicht hervor, von welchem Anschluss die Nummer gewählt wurde. Gunnar Lidén markierte jedes Gespräch mit einem gelben Marker, und schon bald erschien ein deutliches Muster. Jeden Tag um exakt 16.30 Uhr hatte jemand die Nummer gewählt. Die Gesprächsdauer variierte von wenigen Minuten bis zu mehreren Stunden. Manche Gespräche waren sogar spätabends abgegangen. Er fragte sich, welcher Kollege so lange im Büro blieb. Normalerweise war er der Letzte, der das Büro verließ. Offenbar war einer der Angestellten zurückgekommen, um auf Kosten der Firma Telefonsex zu betreiben. Das war natürlich sehr, sehr ärgerlich.

Gunnar Lidéns glasiger Blick schweifte durch die Bürolandschaft. Wer war der Schuldige? Sein Blick blieb an Stefan Yorks breitem Rücken hängen. 16.21 Uhr. Genug Zeit, um bis halb fünf die Gesamtkosten der Anrufe auszurechnen. Sie beliefen sich auf schwindelerregende 73 990

Kronen. Um genau 16.28 Uhr stand Stefan York auf und ging zur Lounge rüber. Wie eine Eule auf der Jagd nach kleinen Nagetieren beugte Gunnar Lidén sich vor und heftete den Blick auf seinen Kollegen, der übertrieben gestikulierte. Es war nichts Ungewöhnliches, dass er im Raum herumwanderte. Seit sie die drahtlosen Headsets hatten, liefen viele beim Telefonieren durch die Gegend, als wollten sie damit demonstrieren, wie hart sie arbeiteten. Stefan York übertrieb dies wie alles andere. Er legte die Stirn in tiefe Falten, drückte den Zeigefinger ans Kinn und wandelte umher wie ein Anwalt im Gerichtssaal in einer amerikanischen TV-Serie. Vor der Toilettentür blieb er stehen, was Gunnar Lidén nicht entging. Der Office Manager sah auf die Uhr. Genau 16.30 Uhr. Lidén stand auf und schwebte lautlos zu Stefan Yorks Arbeitsplatz. Er schaltete den Lautsprecher des Telefons ein und drehte voll auf.

Stefan Yorks Stimme dröhnte aus dem Lautsprecher.

»Ich bin sehr unzufrieden mit deiner Arbeit. Du taugst nicht als Sekretärin. Dein Kaffee ist zu lasch, und du kleidest dich wie eine Hure. Vielleicht können dich ja siebenundzwanzig Zentimeter steinharter Chefschwanz motivieren.«

Mit weit aufgerissenen Augen drehten sich die Kollegen zu Gunnar Lidén um. Manche schrien auf und hielten die Hand vor den Mund. Der Office Manager stand mit eiskaltem Blick da, während alle Angestellten in der PR-Abteilung zusammenliefen und die Ohren spitzten. Sie hörten, wie Stefan Yorks Atem schneller wurde, während die Frau am anderen Ende der Leitung sprach.

»Du bist so gemein. Was machst du mit dem teuren Schlips? Willst du mich fesseln?«

»Korrekt, du Schlampe. An den Stuhl.«

»Vorsicht, zerreiß nicht die dünne, weiße Bluse. Du darfst auch an meinen dicken Brüsten lutschen.«

»Viele junge Frauen würden alles tun, um auf deinem Posten zu sitzen. Lass mich mal deine Fotze fühlen. He, warum trägst du keinen Slip?«

Aufgeregt zischte Stefan York seine Fantasien ins Headset, unwissend, dass er eine Menge Zuhörer hatte.

»Ich bin eine freie Frau und kleide mich, wie ich will«, sagte das Mädchen trotzig.

»Du willst doch nur deine Kollegen anmachen mit dem kurzen Rock. So geht das nicht weiter, keiner kann sich konzentrieren, wenn du so herumläufst.«

Die Frau schrie:

»Nein! Pass auf meine Brille auf. Nimm deinen Riesenschwanz aus meinem Gesicht!«

»Mund auf!«, befahl Stefan York. »Sag aaah!«

»Aaaaaah.«

»Schwanzlutschen ist das Einzige, was du kannst, du Nutte.«

Gunnar Lidén zuckte demonstrativ mit den Schultern. Elisabeth Pukka seufzte tief und vergrub das Gesicht in den Händen.

Aus der Toilette hörte man das leise Klappern eines Klopapierhalters.

»Wie Sie sicher verstehen, ist ein solches Verhalten in unserem Betrieb vollständig inakzeptabel«, deklarierte Gunnar Lidén ernst. »Es verstößt ganz klar gegen den offiziellen Geist von Helm Tech und unsere Verhaltensregeln. Wir betrachten den Vorfall mit großer Sorge.«

Er machte auf dem Absatz kehrt, richtete die weiße Halskrause und rauschte triumphierend in Karl Frids Büro. Unterwegs schnappte er die Telefonrechnung. Auf der Toilette drehte Stefan York den Wasserhahn zu,

trocknete die Hände mit einem ganzen Stapel Papiertücher und strich sich durch die Haare, bis die Frisur
wieder saß. Hätte er gewusst, dass der erniedrigendste
Augenblick seines Lebens unmittelbar bevorstand, wäre
die Beule in seiner Hose wahrscheinlich schneller verschwunden.

Listen and you will see

An diesem Abend saß Jens Jansen in Stefan Yorks Bürostuhl, ohne zu wissen, was am Nachmittag geschehen war. Er dachte immer noch über die Zeilen aus Dale Carnegies Buch nach, das er von seinem Vater bekommen hatte. Wie wichtig es sei, sich den Namen eines Menschen beim ersten Treffen zu merken. Wie man schnell und leicht neue Freunde fand. Ob das bei seinem Vater wirklich funktioniert hatte? Er konnte sich nicht erinnern, ob sein Vater Freunde gehabt hatte. Eher Geschäftskontakte. Männer in Anzügen mit wattierten Schultern und Handys so groß wie eine Milchpackung. Sie lachten laut, rochen nach Alkohol und dem damals beliebten Rasierwasser mit dem Duft von Leder und Geißblatt. Die hohen Steuern, die sie bezahlten, betrachteten sie als Angriff auf ihre Freiheit. Alle, die sie nicht mochten, nannten sie »Sozis«. Als Olof Palme ermordet wurde, stießen sie mit Champagner an. Normale, ehrbare Bürger, wie sie sich selbst nannten.

Ein plötzlicher Laut riss Jens Jansen aus seinen Gedanken. Auf dem Steg über dem Lichthof hallten Schritte, und im nächsten Augenblick tippte jemand am Türöffner einen Code ein. Jens Jansen zog die Skimaske über das Gesicht und stand leise auf. In den beinahe hundert Tagen, die er sich nun versteckt hielt, war niemals ein Angestellter nach Feierabend zurückgekehrt. Doch nun ging die Tür mit einem lauten Klacken auf. Jens Jansen drückte sich an der Wand entlang und flüchtete in Richtung Abstellkammer. Als die Schritte bedrohlich nahe kamen, ging er hinter der grünen Plastiktonne für Altpapier in Deckung. Er hielt die Luft an und lauschte. Das Schnaufen und das Klackern der Schuhe kamen ihm bekannt vor. Es musste Stefan York sein. Was, zum Teufel, wollte er hier? Vorsichtig spähte er über die Tonne.

Stefan York setzte sich an seinen Platz und schaltete die Schreibtischlampe ein. Er stellte eine Sportflasche auf den Tisch und begann seinen Arbeitsplatz aufzuräumen. Er nahm alle persönlichen Dinge von der Pinnwand. Eine Karte mit Garfield, der sich im Kabel einer Computermaus verfangen hatte, mit der Überschrift »It must be Monday«. Ein Foto von Stefan York mit nacktem Oberkörper und frischer Tätowierung an einem Strand in Thailand. Die abgelehnte Werbekampagne mit dem Slogan »How do you want your head?«. Er betrachtete den Ausdruck eine Weile, bevor er ihn in die Fahrradtasche steckte. Dann öffnete er die Schubladen seines Rollschranks und seufzte. Er stand auf, um die Altpapiertonne zu holen.

Den merkwürdigen Geruch von Wolle und ungewaschenen Haaren, der aus der Abstellkammer kam, bemerkte Stefan York nicht. Vielleicht, weil er erkältet war. Auch die schwarz gekleidete Schattengestalt, die wie an die Wand genagelt neben dem Kopierer stand und dann lautlos hinter seinem Rücken vorbeiglitt, bemerkte er nicht. Jedenfalls nicht, bevor sie gegen einen Becher voller Bleistifte stieß, die laut rasselnd über den Boden rollten. Stefan York reckte den Hals und spähte in die Richtung, aus der das Geräusch kam. Sein Unterkiefer bearbeitete frenetisch einen Kaugummi, aus dem längst jeder Geschmack gewichen war. Er erinnerte mehr denn je an ein riesiges Nagetier.

»Hallo?«, rief er. »Ist da jemand?«

Jens Jansen hockte zusammengekrümmt hinter einem Rollcontainer und rührte sich nicht. Rings um ihn lagen Bleistifte auf dem Boden. Nur zehn Schritte trennten ihn von der rettenden Toilettentür. Er hörte Stefan York aufstehen und ein paar Schritte in seine Richtung machen. Jens Jansen machte sich zum Sprung bereit. In diesem Moment klingelte Stefan Yorks Telefon. Jens Jansen erstarrte. Zwei panisch aufgerissene Augen starrten aus der Skimaske, als ihm aufging, was geschehen würde. Machtlos lauschte er, wie Stefan York den Hörer abnahm und antwortete.

»Hallo?«

Pause.

»Hat jemand von diesem Anschluss angerufen?«

Stefan York war verwirrt.

»Nein, jedenfalls nicht ich. Wann war das?… Vor zehn Minuten? Seltsam, außer mir ist niemand hier. Sind Sie sicher, dass Sie die richtige Nummer gewählt haben?… Ja, hier ist das Büro von Helm Tech, das stimmt.«

Jens Jansen kroch die letzten Meter bis zur Toilettentür, während das Gespräch weiterging.

»Ja, ganz sicher. Das Büro ist alarmgesichert, ohne Passierkarte und Code kommt man weder rein noch raus.«

Pause.

»Kein Problem. Auf Wiederhören«, hörte er Stefan York sagen, ehe er vorsichtig die Toilettentür schloss. Sie knarrte leise. Er flüchtete in die nächste Zelle, ohne die Tür zu verriegeln.

»Scheiße!«, fluchte er lautlos. Er war so aufgewühlt ge-

wesen, dass er vergessen hatte, die Rufnummer zu unter-
drücken, bevor er seinen Vater anrief.

Jens Jansen stellte sich auf die Toilettenschüssel,
schob eine Deckenplatte zur Seite und hievte sich hinauf.
Vorsichtig kroch er über den Kabelsteg auf sein sicheres
Versteck zu.

It's your world. Take control

Stefan York legte den Hörer auf. Er nahm den Kaugummi aus dem Mund, rollte ihn zu einem Ball und zog den Papierkorb mit den Füßen unter dem Tisch hervor. Dann warf er den Kaugummi hinein und stutzte. Zuoberst lag ein Pappbecher mit der Aufschrift »Ecobeans«. Er wühlte im Papierkorb und fand zwei weitere Kaffeebecher. Koffein war für ihn Teufelszeug, das den Körper vergiftete und das Leistungsvermögen schmälerte. Er leerte den Papierkorb aus und entdeckte eine knallgelbe Tüte Trockensuppe.

»Chili con Carne«, murmelte er. »Was, zum Teufel, geht hier vor?«

Er ging in die Hocke und untersuchte den restlichen Abfall genauer. Neben einem weiteren Pappbecher fand er einen gelben Post-it-Zettel mit einer Telefonnummer. Sie begann mit den Ziffern 0034. Es war die Vorwahl von Spanien, das wusste er. Stefan York stand so hastig auf, dass er mit dem Kopf gegen die Tischplatte stieß.

»Verdammte Scheiße!«, fluchte er, nahm das Telefon und wählte die Nummer. Der Empfänger hob sofort ab.

»Hallo?«

»Hallo, hier ist noch einmal Stefan York von Helm Tech in Stockholm. Wir haben gerade miteinander gesprochen.«

»Ja, und?«

»Nun, ich habe ein bisschen ein schlechtes Gewissen, weil ich vorhin so kurz angebunden war. Möglicherweise hat einer meiner Kollegen mein Telefon benutzt, als ich nicht hier war. Wollten Sie sich beschweren oder eines unserer Produkte loben? Haben Sie schon mit jemand anderem von Helm Tech gesprochen?«

»Nein, ich dachte, der Anruf könnte etwas mit dem Verschwinden meines Sohnes zu tun haben.«

»Ihr Sohn? Wer ist denn ihr Sohn?«, fragte Stefan York.

»Jens Jansen.«

»Jens wie?«

»Jens Jansen.«

»Oh, Jens Jansen.«

»Ich habe bereits mit Gunnar Lidén gesprochen, und er hat versprochen, sich zu melden, sobald es etwas Neues gibt.«

»Verstehe.«

»Deshalb hatte ich gehofft, es gäbe etwas Neues.«

»Nicht dass ich wüsste. Aber ich weiß, dass die Polizei nach ihm sucht.«

Stefan York biss sich auf die Unterlippe. Irgendetwas war hier faul, so viel war klar. Er betrachtete das Päckchen Trockensuppe und die vielen Kaffeebecher – zwei Dinge, die mit hundertprozentiger Sicherheit nicht von ihm stammten.

»Wenn Sie etwas hören, erreichen Sie mich unter dieser Nummer«, sagte Björn Jansen.

Damit war das Gespräch beendet. Stefan York stand auf und überblickte die 1200 Quadratmeter Bürolandschaft. Er trank einen Schluck aus seiner Sportflasche und spülte die Flüssigkeit im Mund herum. Das Rezept hatte er selbst erfunden: ein Teil Wodka, zwei Teile Gatorade und etwas Crushed Ice.

Born to perform

Ein leises Knarren lenkte Stefan Yorks Blick an die Decke. Die Lampen schwankten sachte hin und her. Die Deckenverkleidung bog sich unter dem Gewicht von etwas Großem, das sich offenbar dort bewegte. Er schaltete eine Schreibtischlampe ein und richtete sie nach oben. Feiner Staub rieselte im Lichtkegel von der Decke. Irgendetwas oder jemand befand sich dort oben. Stefan York folgte der Bewegung. An einem der Schreibtische lehnte ein Golfschläger. Er ergriff ihn und peilte die Stelle an, wo er das Wesen vermutete. Vorsichtig hob er eine Deckenplatte an und schob sie zur Seite. Im Halbdunkel sah er den Umriss einer großen, schwarzen Gestalt, die vor dem Licht flüchtete. Wachsam folgte er den Bewegungen bis zur Wand des Büros. Dort blieb er stehen und lauschte. Das Wesen kroch weiter in Richtung Abstellkammer. Stefan York schlich um die Ecke bis zur Tür, den Blick weiter an die Decke gerichtet. Er stieß gegen die Yuccapalme, dann presste er ein Ohr an die Tür zur Abstellkammer. Auf der anderen Seite waren ein Knarren und ein dumpfer Schlag zu hören, als hätte sich jemand von der Decke herabgelassen und wäre auf den Boden geknallt. Stefan York runzelte die Stirn. Dort drinnen war ein Mensch, kein Zweifel. Jemand hielt sich unbefugt im Büro von Helm Tech auf. Langsam streckte er eine Hand zum Türgriff aus. In der anderen hielt er den Golfschläger.

»Eins… zwei… DREI!«, flüsterte er.

Bei drei riss er mit einem Ruck die Tür auf. Sie wurde sofort wieder zugezogen. Er versuchte es erneut. Jemand hielt von innen dagegen. Stefan York zog mit aller Kraft, und für den Bruchteil einer Sekunde sah er eine maskierte, ganz in Schwarz gekleidete Gestalt im Türspalt, ehe er von einem grellen, weißen LED-Licht geblendet wurde. Seine Hände rutschten von der Klinke, und die Tür knallte zu.

»Jens?«

Keine Antwort.

»Jens, dein Vater macht sich Sorgen um dich. Wir machen uns alle Sorgen. Bist du die ganze Zeit hier drinnen gewesen?«

Keine Antwort. Stefan York trank einen Schluck aus der Sportflasche und klopfte mit dem Golfschläger gegen die Tür. Nichts geschah. Aber er sah, dass der Türgriff von der anderen Seite festgehalten wurde.

Healthy, beautiful smiles for life

Eine lackierte, wenige Zentimeter dicke Spanplatte trennte die beiden Männer. Auf der einen Seite stand Jens Jansen und hielt verzweifelt mit beiden Händen den Türgriff fest. Er sah sich in der Abstellkammer um und hoffte, der Lichtkegel seiner Stirnlampe würde auf irgendein Utensil fallen, das ihm aus der Klemme helfen konnte. Auf den ersten Blick wirkte die Lage hoffnungslos. Überall nur Ordner, Plastikhüllen, Briefumschläge, Kartons und ein altes Faxgerät. Ein plötzlicher Ruck an der Tür ließ ihn beinahe den Halt verlieren.

»Komm da raus!« Stefan York brüllte wie ein Stier und ruckte immer fester an der Tür, bis der Griff zu wackeln begann. Auf das Ruckeln folgten schwere Schläge, die die Tür nach innen bogen. Jens Jansen kniff die Augen zusammen und hielt dagegen.

»Jens, bist du da drinnen? Du bist das doch, oder? Gib es zu!«

Die einzige Antwort war ein Schniefen hinter der Tür.

»Jens, zum Teufel!«

Er schlug mit der Faust gegen die Tür.

»Sie haben mich gefeuert, Jens!«, schrie Stefan York, den Tränen nahe.

»Wegen ein paar lächerlicher Telefongespräche.«

Er lehnte die Stirn an die verschlossene Tür und

presste die Handflächen dagegen, als stünde er an der Klagemauer in Jerusalem.

»Ich weiß genau, dass diese Gespräche nicht alle von mir kamen. Ich kann es beweisen. Es ist vollkommen ausgeschlossen. Aber sie haben mir nicht geglaubt.«

Jens Jansen zog den Türgriff noch fester zu sich heran.

»Du bist schuld, dass ich gefeuert wurde. Du hast die Gespräche geführt, stimmt's?«

Ein weiterer Schlag erschütterte die Tür. Jens Jansen zuckte zusammen. Stefan York brüllte aus voller Lunge.

»Du hast die Nummer angerufen, wenn niemand hier war, und dafür gesorgt, dass ich die Schuld bekomme. Das ist so gemein, Jens! So hundsgemein!«

Stefan York nahm den Türgriff in beide Hände und rüttelte wie wild. Er knurrte wie ein tollwütiger Hund, aus seinen Mundwinkeln spritzte Speichel. Plötzlich hörte man ein metallisches Geräusch, und er fand sich am Boden wieder, die Klinke in der Hand. Die Tür war verschlossen. Stefan York kniete sich davor und spähte durch das viereckige Loch, in dem der Türgriff gesteckt hatte. Auf der anderen Seite tat ein vor Schreck aufgerissenes Auge es ihm gleich.

»Was machst du da drinnen, Jens? Warum versteckst du dich? Warum willst du, dass wir dich für tot halten?«, flüsterte Stefan York.

Das Auge verschwand. Stefan York setzte sich auf den Boden, lehnte den Rücken an die Tür und starrte wie paralysiert vor sich hin.

»Und ich dachte, du wärst tot. Ich war überzeugt, dass dich jemand ermordet hat«, sagte er und schüttelte den Kopf.

Er hielt inne und blickte auf, als wäre ihm eine plötzliche Eingebung gekommen.

»Natürlich! Gunnar Lidén und du haben das gemeinsam ausgeheckt, um mich loszuwerden. Ihr wusstet, dass eure Stellen in Gefahr waren.«

Stefan York nickte, auf seinen Lippen lag ein freudloses Lächeln.

»Ich könnte wetten, dass Elisabeth Pukka die Hand mit im Spiel hat, diese verlogene, karrieregeile Fotze.«

Er trank weiter aus seiner Flasche und verzog das Gesicht.

»Glaubt ihr, ich hätte nicht bemerkt, wie ihr hinter meinem Rücken über mich lästert?«

Mit verstellter Stimme äffte er seine Kollegen nach.

»Für wen hält der sich eigentlich? Der bildet sich wohl ein, er sei ein Genie.«

Er wurde ernst.

»Nein!«, sagte er. »Das bilde ich mir nicht ein. Aber manchmal muss man auch etwas wagen, statt nur ausgetretene Wege zu gehen. Veränderung. Change! Aber das schnallt hier keiner. Niemand schnallt was in dieser Firma.«

Stefan York lachte lakonisch und schüttelte den Kopf.

»*Sie* hat mir wenigstens zugehört. Sie hat erkannt, dass ich das Zeug zum Chef habe. Bei ihr durfte ich sein, wie ich wirklich bin«, sagte er mit Tränen in den Augen. »Was sagt das über diese Welt aus, Jens? Was bedeutet es, wenn jemand, der eigentlich Chef sein sollte, eine verdammte Sexnummer anrufen muss, damit man ihn ernst nimmt? Was hat das zu bedeuten? Ganz einfach: Es bedeutet, dass gewisse andere Menschen es zu bequem haben. Aber wartet nur, bis der Sturm losbricht.«

Wieder verstellte er die Stimme.

»Aber wir haben nichts falsch gemacht. Alles ist Stefans Fehler. Der böse, hässliche Stefan. Er muss weg, koste es, was es wolle. Wir können hier keinen dulden, der offen und ehrlich sagt, was Sache ist.«

In der Abstellkammer fiel Jens Jansen vor dem alten Faxgerät auf die Knie. Er suchte verzweifelt nach dem Zettel, auf den er vor wenigen Tagen die Nummer notiert hatte, die Nina ihm gegeben hatte. Er musste auf den Boden gefallen sein. Seine Finger tasteten zwischen Staubmäusen unter den Regalen, bis er die Notiz endlich fand. Rasch nahm er ein DIN-A4-Blatt und kritzelte mit einem vertrockneten Folienschreiber die Buchstaben SOS darauf. Mit zitternden Händen steckte er das Blatt in den Einzug und wählte die Nummer. Als das Wählsignal ertönte, bebte die Tür erneut von heftigen Schlägen.

»Ihr habt euch vor mir in die Hosen gepisst«, grölte Stefan York. »Sei wenigstens jetzt ein Mann, und sag es mir von Angesicht zu Angesicht!«

Ein kräftiger Tritt ließ die Tür erzittern. Jens Jansen richtete die Stirnlampe auf die Angeln, die bereits nachgaben.

»Du feige Fotze. Komm raus und sei ein MANN!«

Langsam, aber sicher gaben die Angeln den Tritten nach.

»Ihr habt die ganze Scheiße ausgeheckt, aber jetzt seid ihr dran! Oh, wie ihr es bereuen werdet!«

In diesem Augenblick durchschnitt das schrille Heulen der Alarmanlage die Luft.

Because you're worth it

Am folgenden Tag bemerkte keiner der Angestellten von Helm Tech die Schäden an der anonymen Tür zur Abstellkammer. Die Yuccapalme in ihrem selbstwässernden Topf war strategisch so platziert worden, dass ihr Blattwerk die Folgen des Vandalismus verdeckte. Auch wusste niemand, dass der Wachdienst am vorigen Abend einen Einsatz im Büro gehabt hatte. Um 21.10 Uhr hatte ein automatischer Bewegungsmelder in Zone 7:2 des Infra Business Center – genauer gesagt auf dem Steg zwischen Aufzug und Eingangstür im sechsten Stock – Alarm geschlagen. Aus dem Bericht, der auf Gunnar Lidéns Schreibtisch lag, ging hervor, dass das Wachpersonal einen betrunkenen, emotional äußerst aufgewühlten Mann mit einem Golfschläger in der Hand auf dem Steg angetroffen hatte. Der Mann hatte sich als Stefan York ausgewiesen und behauptet, er sei Angestellter der Firma. Seine Passierkarte und Papiere bestätigten dies. Laut Aussage des Mannes hatte sich ein maskiertes und kostümiertes Kind oder eine kleinwüchsige Gestalt im betreffenden Bereich aufgehalten und den Alarm ausgelöst. Die Behauptung konnte jedoch nicht bestätigt werden. Ein Wachtrupp hatte das maskierte Kind gesucht. Man nahm an, dass im angrenzenden Hotel ein Kind von seinen Eltern weggelaufen war, doch die Suche blieb ohne Resultat. Der Schichtführer des Wachdienstes hielt es für wahrscheinlicher, dass der Mann die Schuld von sich schieben wollte. Offenbar hatte er im Rausch vergessen, den Alarm beim Verlassen der Büroräume zu deaktivieren. Der Wachdienst stellte Helm Tech fünftausend Kronen für den Einsatz in Rechnung. Normalerweise hätte Gunnar Lidén die Rechnung unmittelbar beglichen, die Summe vom Monatslohn des Schuldigen abgezogen und einen beträchtlichen Teil der Arbeitszeit verwendet, um dem Personal eine Lektion über sein Lieblingsthema zu halten: Helm Techs Verhaltensregeln und Codex einschließlich des sogenannten Helm-Tech-Geistes – ein Firmenkult, den externe Berater künstlich erschaffen hatten und der bei näherem Hinsehen auffällige Gemeinsamkeiten mit dem Faschismus aufwies. Normalerweise ließ Gunnar Lidén keine Gelegenheit aus, seine Kollegen zurechtzuweisen oder sich lustvoll dem hinzugeben, was er »konstruktive Kritik« nannte. Zu gerne hätte er Stefan York zum zweiten Mal innerhalb von vierundzwanzig Stunden entlassen. Aber heute war kein gewöhnlicher Tag. Es war der 31. Oktober. Es war Halloween, und Gunnar Lidén hatte andere Pläne. Es war der Tag des alljährlichen Maskenballs in Infra Citys riesigem Konferenzsaal. Das Hotelpersonal beschrieb dieses Fest als eine Mischung aus Zombie Attack und Erweckungsbewegung. Halloween war der Tag, an dem die Angestellten aller Firmen in Infra City ihre tägliche Routine vergaßen und sich voll und ganz ihren Kostümen und dem Spuk des Abends widmeten. Außer Helm Techs Verhaltensregeln gab es nichts, was Gunnar Lidén ernster nahm als sein Kostüm. Drei Jahre hintereinander hatte er den Preis für das beste Kostüm gewonnen, und er hatte nicht vor, ihn in diesem Jahr abzugeben. Auf seinem Schreibtisch lagen eine Uniformmütze und eine rote Armbinde. Er zog eine sorgfältig zusammengelegte Uniformjacke aus der Tüte der chemischen Reinigung. Neben seinem Stuhl stand ein Paar blitzblank geputzter Stiefel. Gunnar Lidén begann mit der Verwandlung vom Office Manager zum Nazizombie – auch wenn der Unterschied zwischen beiden in den Augen vieler Angestellter marginal war.

Als es auf halb vier zuging, war der größte Teil der Belegschaft fertig mit den Kostümen. Sie hatten einander in Verbände eingerollt, Theaterschminke aufgetragen und rostige Ketten an blutige Brautkleider geheftet. Die Durstigsten hatten bereits ihre Pappbecher mit einer Bowle gefüllt, der reiner Alkohol zugesetzt war. Sie stand in einer großen Plastikschüssel in der Lounge. Auf der giftgrünen Flüssigkeit schwammen Zitronen- und Limettenscheiben. Elisabeth Pukka hielt ihren Becher in der Hand und zögerte, ehe sie auf ihre Prinzipien pfiff und Risikogruppe Risikogruppe sein ließ. Sie war als Krankenschwester verkleidet. Auf der blonden Perücke trug sie eine weiße Haube mit einem roten Kreuz. Sie hatte sich ein Stethoskop umgehängt, und ihr kurzer, weißer Rock war mit Theaterblut besudelt.

»Ach, zum Teufel«, sagte sie und füllte ihren Becher zum fünften Mal mit dem lauwarmen Gesöff.

»Skål!«, rief sie Andersson aus dem Verkauf zu, der sich als Indianerhäuptling verkleidet hatte und als Einziger mit der jungen Finnlandschwedin mithielt. Sie leerten die Becher in wenigen Zügen.

»Aaaah!«

Plötzlich schauten alle zur Eingangstür. Herein marschierten drei Herren: der Geschäftsführer Karl Frid, der externe Berater und ein ernster Asiate im Anzug. Keiner der Angestellten hatte ihn je gesehen, aber er hatte verblüffende Ähnlichkeit mit dem Genossen Parteiführer Mao Tse-tung.

197

Der Zeitpunkt für diesen Auftritt war natürlich mit Bedacht gewählt. Der Motivationstrainer hatte bei einer Telefonkonferenz der drei Männer ausführlich erläutert, dass die alberne Verkleidung und der Alkohol die Angestellten selbstbewusst, verwundbar und gefügig machen würden. Die Vampire, Zombies, Skelette, Mumien und ein Mann mit einem Karton über dem Kopf, der ein YouTube-Video darstellen sollte, scharten sich um das große Whiteboard vor Karl Frids Büro. Der Erste, der das Wort ergriff, war der ewig lächelnde Motivationstrainer.

»Erinnert ihr euch an das chinesische Zeichen für Krise?«, fragte er und malte das Symbol mit rotem Stift auf die Tafel. »Erinnert ihr euch an die doppelte Bedeutung? Gefahr und Chance.«

Er umkreiste das Zeichen und deklamierte pathetisch: »Wei Ji.« Dann sah er in die Runde aus Scream-Masken, Guy-Fawkes-Imitatoren, Hexen und uniformierten Diktatoren. Der asiatische Gast rollte mit den Augen. Er kannte die wahre Bedeutung des Zeichens, da seine Muttersprache Mandarin war. Aber das war dem Trainer egal.

»Jede Gefahr birgt auch Chancen, vergesst das nicht«, predigte er. »Vielen von euch werden die kommenden Wochen nicht nur Herausforderungen, sondern auch spannende Möglichkeiten bieten. Ihr werdet stolz auf das sein, was ihr gemeinsam aufgebaut habt. Helm Tech ist vielleicht kein weltweiter Marktführer, aber ein erfolgreiches oder … ja, habiles Unternehmen auf seinem Marktsektor.«

Karl Frid nickte zustimmend, trat einen Schritt vor und räusperte sich diskret. Er blickte ernst und verbissen drein.

»Aber«, sagte er und streckte den Zeigefinger in die Luft. »Es ist kein Geheimnis, dass Helm Tech in den letzten Jahren sinkende Umsätze zu verzeichnen hat.«

Er schwieg und sah seine Angestellten an.

»Darauf hat die Geschäftsleitung nun reagiert.«

Unruhe machte sich unter den Maskierten breit.

»Damit Helm Tech sich weiterhin im internationalen Konkurrenzkampf behaupten kann und wir unter den führenden Herstellern von Fahrradhelmen bleiben, haben wir hart an einer Lösung gearbeitet, die Helm Tech auf lange Sicht stabilisiert.«

Unsicherheit und Angst lagen in der Luft. Karl Frid vollführte eine beruhigende Geste. Dann schaute er auf seine exklusive Armbanduhr.

»Um eine lange Geschichte kurz zu machen: Seit ungefähr zwanzig Minuten ist Helm Tech eine chinesische Gesellschaft. Das hier ist Herr Cheng von der GVC Ventures.«

Der Motivationstrainer schnippte mit den Fingern, zeigte auf das Zeichen an der Tafel und grinste.

»Nicht vergessen: Gefahr. Und Chance«, lautete sein halbherziger Versuch, die Belegschaft zu beruhigen.

»Entschuldigung«, unterbrach ihn eine Frauenstimme mit finnlandschwedischem Akzent. Sie klang deutlich schriller als sonst. Der Berater drehte sich um.

»Elisabeth? Eigentlich wollten wir die Neuigkeit erst einmal sacken lassen und eventuelle Fragen bei einer anderen Gelegenheit besprechen«, sagte er verunsichert.

»Entschuldigung«, wiederholte Elisabeth Pukka, »aber hier glaubt keiner ein Wort von Ihrem Gefasel. Nicht einmal Sie selbst.«

Langsam schritt sie von der Lounge durch das Großraumbüro, ein Engel in Weiß mit einem Stethoskop um den Hals.

»Niemand glaubt den Quatsch mit Gefahr und Chance. Warum auch? Es gibt gar kein chinesisches Zeichen mit dieser Bedeutung.«

Sie richtete den Zeigefinger auf den chinesischen Geschäftsmann.

»Fragen Sie Ihren chinesischen Freund. Oder, Mr. Cheng, you know this is all bullshit, don't you?«

Der Chinese blieb ungerührt, das Lächeln des Trainers fror ein.

»Elisabeth, das ist wirklich nicht die passende Gelegenheit. In dieser turbulenten Zeit ist es wichtig, dass wir zusammenhalten und beweisen, dass wir als Gruppe funktionieren.«

»Wissen, Sie, warum keiner etwas gesagt hat?«, fragte Elisabeth Pukka. »Weil wir Angst hatten. Wir hatten Angst, unseren Job zu verlieren und ohne Einkommen mit unseren überhöhten Wohnkrediten und Schulden dazustehen. Und das ist genau, was Sie wollen. Dass wir Angst haben. Damit wir gefügig sind. Oder flexibel, wie Sie es nennen.«

Sie schwankte leicht, hielt aber die Balance. Vor den drei Männern blieb sie stehen und lachte höhnisch.

»So gefügig, dass die untaugliche Geschäftsleitung dem Personal die Schuld in die Schuhe schieben kann. Das ist doch genau Ihr Job: uns einzureden, dass wir an allen Problemen schuld sind.«

Karl Frid räusperte sich und lächelte verkrampft den chinesischen Geschäftsmann an.

»Ich finde, wir sollten höflich zu unserem Gast sein und ihn ein paar Worte sagen lassen. Helm Tech schätzt die Meinung aller Mitarbeiter, deshalb schlage ich vor, dass Sie die Sache mit Ihrer jeweiligen Agentur besprechen. Aber nun ist es Zeit, nach vorn zu blicken und das Wort an Mr. Cheng zu übergeben. Please, Mr. Cheng...«

Karl Frid trat zur Seite. Der Chinese richtete seine Krawatte und hielt eine steife Ansprache auf Chinesisch. Das Einzige, was die Anwesenden verstanden, war »Volvo«, »Abba« und ein paar Strophen aus *Chiquitita*, die der Asiate inbrünstig mit seiner hellen Stimme vortrug. Dann trat er einen Schritt zurück und starrte ausdruckslos vor sich hin. Karl Frid zog einen Zettel aus der Jackentasche.

»Ja. Mr. Cheng dankt Ihnen für Ihre Zeit bei Helm Tech. Große Umwälzungen stehen bevor, und er freut sich, dass die Köpfe seiner vielen Landsleute in der stolzen Volksrepublik China in Zukunft durch weltberühmte schwedische Ingenieurskunst geschützt werden. Er rühmt das Sicherheitsdenken, das der Welt Produkte wie Volvo, das Schwedische Modell oder Abba geschenkt hat.«

Der Geschäftsführer räusperte sich erneut und fuhr beinahe entschuldigend fort.

»Mr. Cheng sagt, sein Lieblingslied von Abba sei *Chiquitita*.«

Karl Frid lachte gekünstelt, doch vor sich sah er nur steinerne Mienen. Er klatschte laut in die Hände.

»Da verabschieden wir uns und wünschen Ihnen einen wunderschönen Abend. Sie sehen alle fantastisch aus!«

Die Herren im Anzug traten in Reih und Glied ab, wie drei Kaiserpinguine. Der Office Manager Gunnar Lidén in seiner SS-Uniform blickte ihnen eiskalt hinterher. Als die Pinguine an Elisabeth Pukka vorbeiwatschelten, hob sie mit einem ironischen Grinsen den Becher. »Skål!«

Power to hit pain where it hurts

Sie ließ sich auf ihren Stuhl fallen. Während alle Kollegen nach unten strömten, um so viele Gratisdrinks wie möglich zu ergattern, blieb Elisabeth Pukka allein an ihrem Schreibtisch sitzen und starrte ins Leere. Als die Sonne untergegangen war und der Himmel schwarz vor dem Fenster hing, saß sie noch immer wie gelähmt dort. Und als die ersten Basstöne aus dem Konferenzsaal dröhnten, beugte sie sich vor und wühlte in der Schreibtischschublade. Sie leerte den letzten Streifen Beruhigungstabletten und sah zu, wie die ovalen Pillen auf dem Schreibtisch tanzten. Dann schob sie alle zu einem Haufen zusammen, schraubte die Ginflasche auf und trank einen großen Schluck. Sie verzog das Gesicht und steckte die erste Tablette in den Mund. Dann die zweite. Die dritte. Und so weiter.

Get that good coffee feeling

Auf der Galerie im ersten Stock des Infra Business Center standen zwei Gestalten. Ein dürrer Typ im schwarzen Trikot und ein kleinwüchsiger, rundlicher Mann im Batman-Kostüm. Sie trugen einen großen Karton zwischen sich. Jens Jansens Augen flackerten nervös im Ausschnitt der Skimaske. Der Dunkle Ritter dagegen schien nicht im Geringsten beunruhigt.

»Das ganze Gebäude ist voller Monster. Niemand wird uns bemerken.«

Aus dem Festsaal im Erdgeschoss drangen wummernde Bassschläge, Stimmengewirr und Gelächter. Verstümmelte Zombies und Fantasywesen strömten zwischen der Tanzfläche und der überdimensionierten Bar des Konferenzhotels hin und her. Der kleine Mann im Batman-Kostüm zog einen ganzen Stapel Passierkarten aus der Tasche und fächerte sie auf. Sie standen vor einer Tür mit der Aufschrift »Ecobeans AG – die natürliche Wahl für Kaffeetrinker«.

»Hmmm, mal sehen. Da ist sie ja.«

Er zog die Karte durch das Lesegerät, gab den vierziffrigen Code ein, und das Schloss öffnete sich mit einem lauten Klicken. Jens Jansen musste den unhandlichen Karton allein halten.

»Und wenn jemand hier ist?«, zischte er.

»Niemals. Jetzt wollen sich alle so schnell wie möglich

betrinken, damit sie später eine Ausrede haben, wenn sie eine Kollegin belästigen«, antwortete der Dunkle Ritter.

Der Inhalt des Kartons raschelte leise, als Jens Jansen an den Türrahmen stieß.

»Was ist da eigentlich drin?«

Der Dunkle Ritter antwortete nicht, sondern ging voran durch einen kleinen Showroom mit Kaffeeautomaten in unterschiedlicher Größe. Man sah ihm an, dass er sich gut auskannte.

»Arbeitest du hier?«, fragte Jens Jansen.

Der Dunkle Ritter schnaubte.

»Arbeiten? Na ja, ich mache ein paar heimliche Überstunden, könnte man sagen.«

Er ging durch das Büro von Ecobeans und weiter in den Lagerraum. Jens Jansen trug brav die Kiste hinterher. Es duftete nach frisch gemahlenem Kaffee. In den Regalen lagen große Alupackungen voll Kaffee, und an den Wänden waren versandfertige Kaffeeautomaten aufgestapelt.

»Du kannst sie dorthin stellen«, sagte der Dunkle Ritter und zeigte auf einen Arbeitstisch.

»Was ist das für ein Büro?«, fragte Jens Jansen außer Atem.

»Ecobeans ist der größte Vermieter von Kaffeeautomaten in Stockholm und Umgebung. Ihre Automaten stehen an über neunhundert Arbeitsplätzen. Unter anderem in allen Büros von Infra City«, sagte der kleine Mann. Er zog ein Teppichmesser aus der Tasche, schob die Klinge heraus und schnitt den Karton auf. Er enthielt viele Tüten voll kleiner, blassgelber Tabletten.

Aus einem Schrank unter dem Tisch zog er eine elektrische Kaffeemühle. Er schloss sie an, schüttete mehrere Tüten auf einmal in die Mühle und schloss den Deckel.

»Was sind das für Pillen?«, fragte Jens Jansen.

»Das ist Cyproteron.«

»Cypro... was?«

»Cyproteron. Ein Gegenmittel gegen das männliche Geschlechtshormon. Wird oft zur Therapie von Männern mit sexuellen Abweichungen oder überstarkem Geschlechtstrieb angewendet. Oder zur Behandlung von Prostatakrebs. Achtung, gleich wird es laut.«

Der Dunkle Ritter schaltete die Mühle ein, und die Tabletten wurden mit einem ohrenbetäubenden Lärm zu feinem Pulver zermahlen. Danach ging er zu einem der Regale und lud zehn weiße Säcke auf einen Handwagen, den er zur Werkbank rollte. »Whitener für Kaffeeautomaten, 1000 g«, stand auf den Etiketten.

»Das hier ist eine Mischung aus Glukosesirup, gehärtetem Fett und jeder Menge Chemikalien. Oder ›Milch‹, wie es die meisten nennen.«

Er legte eine Packung auf den Tisch. Präzise wie ein Chirurg schnitt er die Schweißnaht der Aluminiumtüte mit dem Teppichmesser auf.

»Aber genau genommen steht nirgendwo ›Milch‹, sondern ›au lait‹, ›latte‹ oder ›weiß‹ auf den Automaten. Hast du das bemerkt?«

»Warum nicht ›Milch‹?«

»Weil das Zeug nicht die geringste Ähnlichkeit mit echter Kuhmilch hat.«

Jens Jansen sah zu, wie der kleine Mann ein Drittel des Milchersatzpulvers mit einem Löffel aus der Tüte schaufelte.

»Diese Schmiere hier ist ein reines Industrieprodukt. Als die vom Verbraucherschutz erfahren haben, was in ihren eigenen Kaffeeautomaten war, haben sie sofort die Bezeichnung ›Milch‹ als Irreführung der Verbraucher verboten.«

Der Dunkle Ritter ersetzte das Milchpulver mit den gemahlenen Tabletten aus der Mühle. Jens Jansen musste sich setzen. Ungläubig starrte er den kleinen Mann an, der den ›Café au lait‹ in Ecobeans Kaffeeautomaten chemisch kontaminierte. Er dachte an die vielen Tassen weißen Kaffee, die er jeden Tag trank. Wie viele waren es wohl im letzten Jahr gewesen? Hunderte? Tausende?

»Welchen Effekt hat das Medikament?«, fragte er, obwohl er die Antwort bereits ahnte.

»Dein Testosteron-Level liegt seit geraumer Zeit auf dem Niveau eines Zehnjährigen.«

»Ist das etwa der Grund, warum meine Brüste sich vergrößern?«

Jens Jansen zeigte auf zwei kleine Beulen unter dem engen Trikot.

»Tja, das ist leider eine der Nebenwirkungen. Betrifft mich auch.«

»Trinkst du auch nur weißen Kaffee?«

»Nein, ich hasse Milchkaffee. Ich nehme meine Dosis in Pillenform.«

Der Maskierte öffnete den Mund und legte eine der Tabletten auf die Zunge. Dann schluckte er und brach in Gelächter aus.

»Alles nur, damit ich nicht ›meinen Mann stehen muss‹, wie es so schön heißt.«

»Ist das auch der Grund, warum ich mich seit Langem so… wie soll ich es sagen… unmotiviert fühle?«

Der Dunkle Ritter sah ihn an.

»Das Wort gefällt mir nicht. Unmotiviert. Das haben selbstgerechte Puritaner erfunden. Es gehört zum Vokabular der Leistungsgesellschaft. Ich nenne unseren Zustand lieber ›cool‹, ›gechillt‹ oder ›soft‹. Vielleicht sollten wir auch den schönen alten Begriff ›würdig‹ entstauben.«

»Würdig?«

»Ja. Früher nannte man Menschen, die im Zölibat lebten und den ganzen Tag nichts anderes taten, als durch Obstgärten zu spazieren, Gottes Auserwählte. Niemand wäre auf die Idee gekommen, einen Mönch als Energiedieb oder unmotiviert zu bezeichnen.«

Der Dunkle Ritter mischte den restlichen Inhalt der Kaffeemühle unter ein weiteres Päckchen Milchpulver und verschloss es sorgfältig. So arbeitete er systematisch weiter: Tabletten mahlen, Pulverpäckchen aufschneiden, ein Drittel des Inhalts austauschen. Das überschüssige Milchpulver schüttete er in einen schwarzen Müllsack.

Jens Jansen vergrub das Gesicht in den Händen.

Der kleine, maskierte Mann mit dem Bierbauch zuckte mit den schmalen Schultern.

»Testosteron ist ein Gesellschaftsproblem.«

Er schüttete die letzte Ladung Tabletten in die Kaffeemühle.

»Es ist eine Substanz, die großes Leid über die Menschen bringt. Es macht sie gewalttätig und treibt sie zu unverantwortlichen Handlungen, die sie selbst und ihre Mitmenschen in Gefahr bringen.«

Er sah Jens Jansen in die Augen.

»Wenn wir irgendwie verhindern können, dass jemand misshandelt oder vergewaltigt wird oder dass ein Familienvater sein ganzes Geld verspielt, haben wir dann nicht die moralische Pflicht dazu?«

Jens Jansen schüttelte den Kopf.

»Ist das nicht dasselbe, wie Gott zu spielen?«, fragte er matt.

Der Dunkle Ritter hob den Zeigefinger und schüttelte ebenfalls den Kopf.

»Unser Planet braucht nicht noch mehr motivierte, konkurrenzorientierte und risikobereite Menschen. Genau genommen braucht unser Planet überhaupt nicht mehr Menschen, als er so schon verkraften muss. Verbanne dieses kleine Geschlechtshormon, und das Problem ist gelöst.«

Er drückte auf den Knopf, und die Mühle rasselte ein letztes Mal.

»Ich dachte, ich hätte eine gigantische Lüge durchschaut«, flüsterte Jens Jansen, als es wieder still war. »Ich dachte, ich würde meiner inneren Stimme folgen, meinen eigenen Entschluss fassen und meinen eigenen Weg gehen. Aber in Wirklichkeit wurde ich nur vergiftet.«

»Spielt das eine Rolle?«

»Ja. Ohne dieses Medikament, ohne meine zehn Tassen Kaffee am Tag, wäre ich genau wie alle anderen.«

»Und wie sind die?«

»Gewöhnlich. Sie gehen zur Arbeit, geben hundertzehn Prozent, erreichen ihre Ziele und leben in Saus und Braus.«

»Aber sind sie glücklich?«

»Es sind normale Menschen.«

»Sind normale Menschen glücklich?«, wiederholte der Dunkle Ritter seine Frage.

Jens Jansen seufzte und schüttelte den Kopf.

»Ich weiß es nicht.«

»Wenn man unter ›normal‹ gewöhnlich, durchschnittlich oder ordinär versteht, sind sie nicht besonders glücklich. Sie verbringen die meiste Zeit an einem anderen Ort als die Menschen, die sie lieben. Sie haben keinen Einfluss auf Entscheidungen, die ihre Lebenslage betreffen. Sie sind von der Natur entfremdet. All dies sind Faktoren, die sich negativ auf einen Menschen auswirken.«

Vor seinem inneren Auge sah Jens Jansen eine Armee von Bürokräften, die ihre Pappbecher mit der Spezialmischung füllten und an ihren Schreibtisch zurückkehrten, wo sie tatenlos vor sich hin glotzten und auf die Mittagspause warteten. Wie viele waren bereits in ein Schattendasein gedrängt?, fragte er sich. Wie viele verbrachten ihre Arbeitszeit auf der Toilette oder in der Abstellkammer, um dem Leistungsdruck zu entkommen? Wie viele waren wie er in vollständige Apathie und Resignation verfallen, bloß weil sie Milchkaffee tranken?

»Eigentlich müsste es viele mit den gleichen Symptomen geben. Ich bin wohl kaum der Einzige im Büro, der Milchkaffee trinkt?«, sagte er.

»Solange wir kein stärker konzentriertes Präparat finden, muss man ziemlich viel zu sich nehmen, bis es wirkt. Die Mindestdosis liegt bei acht bis zehn Tassen pro Tag.«

Der kleinwüchsige Superheld schüttelte die letzte Tüte Milchersatz und verschloss sie.

»Das bedeutet, dass es zuerst diejenigen trifft, die sowieso schon am wenigsten motiviert sind.«

Er verschloss die aufgeschnittene Packung vorsichtig mit Klebstreifen und knotete den schwarzen Müllsack zu.

»Warum sonst geht man zum Kaffeeautomaten?«

Jens Jansen sah ihn verwirrt an.

»Weil man Lust auf einen Kaffee hat?«

»Nein, weil man eine Pause von der Arbeit machen will, natürlich. Weil man keinen Sinn mehr in den Aufgaben sieht, die einem aufgedrängt werden. Weil man sich nach Freiheit sehnt. Kaffee trinken ist ein Akt des Widerstands.«

»Ein Akt des Widerstands?«, wiederholte Jens Jansen.

»Ja. Das letzte Überbleibsel von einer der stärksten Arbeiterbewegungen der Welt. In diesem Land haben Menschen ihr Leben für das Recht auf Kaffeepausen geopfert.«

Er machte eine Pause.

»Du hast das Licht schon selbst gesehen. Das hier…«, er hielt ein Päckchen Milchpulver in die Höhe, »…hat nur ein wenig nachgeholfen.«

Er rollte den Wagen zu den Regalen zurück und stellte die Pulverpäckchen an ihren Platz.

»Das ist natürlich nur ein Experiment im kleinen Maßstab. Am besten wäre es, wenn wir die Chemikalien direkt ins Trinkwasser einleiten könnten. Aber dafür bräuchten wir eine eigene pharmazeutische Fabrik.«

Der runde Mann räumte die Kaffeemühle weg und reinigte die Arbeitsfläche. Am nächsten Morgen würden die manipulierten Päckchen von verkaterten Angestellten in Lieferwagen geladen und an die Kunden von Ecobeans verteilt werden. Hunderte von Automaten würden mit dem Pulver befüllt werden, und jeder, der sich einen Milchkaffee zog, würde eine Dosis abbekommen. Eine beträchtliche Anzahl von Angestellten im Großraum Stockholm würden allmählich ihrer Virilität und Konkurrenzfähigkeit beraubt werden.

»Werde ich nie wieder Sex haben?«, fragte Jens Jansen plötzlich.

»Willst du Sex haben?«

»Ich spüre keinen Drang dazu. Aber schließlich hast du mich ja systematisch der einzigen Freude beraubt, die kein Geld kostet.«

»Man könnte auch sagen, ich habe dich befreit«, sagte der Dunkle Ritter.

»Wie meinst du das?«

Der Superheld drehte sich um.

»Vermisst du den Geschlechtsverkehr?«

»Man kann kaum etwas vermissen, woran man nicht denkt.«

»Siehst du, ich habe Hirnkapazität frei gemacht, die du für andere Dinge benutzen kannst, als auf Pornoseiten zu surfen oder dir zwanghaft Menschen in deiner Umgebung ohne Kleider vorzustellen. Das hat übrigens auch mit Würde zu tun...«

Sie verließen das Büro von Ecobeans und gingen weiter zu den Räumen der Telefon-Marketing-Gesellschaft Lyssna AG. Der Lärm aus dem Erdgeschoss verriet, dass das Fest sich dem Höhepunkt näherte. Wieder zog der Dunkle Ritter seine Passierkarten aus der Tasche und blätterte durch den Stapel wie ein Croupier in der Spielbank. Er fand die richtige Karte, öffnete die Tür und deaktivierte den Alarm mit einem vierziffrigen Code. Während sie durch eine dunkle Landschaft lärmisolierter Zellen gingen, setzte er seine Betrachtungen fort.

»Testosteron ist eine total überschätzte Substanz. Weißt du, welches Tier den höchsten Testosteronspiegel aller Arten hat?«

»Keine Ahnung«, antwortete Jens Jansen.

»Der Bullenhai. Die gefährlichste Haiart für Menschen. Ein unerhört aggressives Biest von über zwei Metern Länge, der in trübem Brachwasser lebt und extrem revierorientiert ist. Aber es hilft ihm nicht, dass er so gefährlich ist. Der Bullenhai ist nämlich vom Aussterben bedroht. Ist dir schon mal aufgefallen, dass fast alle Tiere, die als Symbol für Kraft und Männlichkeit gelten, zu den aussterbenden Arten gehören? Löwe, Tiger, Hai. Was will uns das sagen?«

»Weiß nicht. Dass wir weniger Gift in die Umwelt pumpen sollen?«

»Oder dass diese Tierarten in Wirklichkeit schwache Organismen sind, die von anderen Arten übertroffen und verdrängt werden. Schon Charles Darwin hat das erkannt. Sie sind ganz einfach zu unflexibel, sie kommen nicht mehr mit.«

»Und wer wird am Ende im Tierreich siegen?«, fragte Jens Jansen.

Unter der Maske des Dunklen Ritters machte sich ein Lächeln breit.

»Ich freue mich, dass du diese Frage stellst. Ich sage dir, welche Organismen die kompliziertesten, erfolgreichsten und weitverbreitetsten der Erde sind.«

»Ja?«

»And the winner is…«

Der Dunkle Ritter blieb stehen und streckte einen kurzen, behandschuhten Zeigefinger in die Luft.

»Die Parasiten.«

»Parasiten?«

»Darwin wollte unseren kleinen Freunden nicht den Respekt zollen, den sie verdienen. Er hat sie als degenerierte Schmarotzer abserviert, die in Scheißhaufen leben. In Wirklichkeit aber gibt es mehr Arten von Parasiten als von jeder anderen Tiergattung.«

Der Mann mit der hellen, jungenhaften Stimme setzte sich an einen Computer und schaltete ihn ein.

»Sie können sogar das Gehirn ihrer Wirtstiere kontrollieren und sie in den eigenen Untergang zwingen. Sie können Männer noch unzuverlässiger und Frauen noch fleißiger machen, je nachdem, was ihnen mehr Nutzen bringt. Sie folgen der Evolution nicht, sie kontrollieren sie.«

Der Computer fuhr hoch und gab den bekannten Fanfarenton von sich.

»Wie können sie das Gehirn kontrollieren?«

»Einer der weitverbreitetsten Parasiten ist Toxoplasma gondii. Diese Parasiten wollen ihren Lebenszyklus im Inneren einer Katze beenden. Um dies zu erreichen, benutzen sie Mäuse oder Ratten als Zwischenwirte und verändern deren Gehirn.«

»Wirklich?«

»Ja, das ist erforscht. Sie nehmen den Nagetieren die Angst vor Katzen, sodass sie schneller gefressen werden und die Parasiten in ihren Endwirt gelangen.«

»Was macht das Toxoplasma in der Katze?«, fragte Jens Jansen.

»Die Parasiten dringen in Zellen ein und bilden einen kleinen Hohlraum im Zellgewebe, vorrangig in den Muskeln oder im Gehirn. In diesen Zysten liegen sie so lange wie möglich inaktiv. Und weil sie sich innerhalb der Zellen des Wirtstieres befinden, sind sie vor dessen Immunsystem sicher. Die weißen Blutkörperchen können den Zysten nichts anhaben.«

Der Dunkle Ritter wendete sich vom Bildschirm ab und sah Jens Jansen an.

»Und weißt du, wie viel Testosteron in diesen kleinen Biestern steckt?«

»Wie soll ich das wissen?«, antwortete Jens Jansen.

Der kleine Superheld deutete eine minimale Menge zwischen Daumen und Zeigefinger an.

»Die Menge ist kaum messbar«, sagte er.

Jens Jansen schwieg. Nach einer kurzen Pause flüsterte sein Begleiter:

»*Wir* sind die Parasiten. Wir sind das Toxoplasma in der Katze.«

Er lehnte sich zurück und schaukelte auf dem Bürostuhl, während er den Inhalt eines USB-Sticks auf die Festplatte des Computers kopierte.

»Die freie Marktwirtschaft hat uns Menschen lange genug ausgesaugt. Jetzt sind wir an der Reihe, uns an ihr zu bedienen«, sagte er.

»Softopia ist unser Hohlraum im Zellgewebe der Marktwirtschaft. Der Ort, nach dem wir alle streben und in dem wir unseren Lebenszyklus beenden wollen.«

It's all about the customer

Kalles Kaviarpaste mit Bananengeschmack. Wer, zum Teufel, schmierte sich so etwas aufs Brot?

Wie die meisten Konsumenten hatte sich Jens Jansen gefragt, wer ein solches Produkt kaufen sollte. Er hatte keine Ahnung, dass Kalles Kaviar mit Bananengeschmack das Resultat einer gehackten Konsumentenbefragung war. Ein minutiös geplantes Attentat auf eine der meistgeliebten Marken Schwedens. Und nun saß das Gehirn hinter dieser Operation neben ihm an einem Computer der Lyssna AG und war im Begriff, ein weiteres Attentat zu begehen.

»In den letzten drei Wochen hat Lyssna über dreitausend Bewohner der südlichen Vororte Stockholms angerufen, um ihnen Fragen über ein lokales Einkaufszentrum zu stellen«, erklärte der Dunkle Ritter, während seine Finger auf der Tastatur klapperten. »Mithilfe der Antworten soll das Shoppingerlebnis optimiert werden, damit die Leute länger im Einkaufszentrum bleiben und dort mehr Geld ausgeben.«

Er zeigte auf ein Diagramm unter der Rubrik »Sicherheit«.

»Wie du siehst, zeigt die Grafik, dass die meisten Kunden sich dort sicher fühlen. Das werden wir natürlich ändern…«

Ein paar Eingaben später verschoben sich die Diagramme. Plötzlich zeigte das Ergebnis, dass die Mehrheit aller Befragten ihr Sicherheitsgefühl beim Einkaufen als »niedrig bis sehr niedrig« einstufte. Der Dunkle Ritter klickte weiter zur Beurteilung der Klimaanlage.

»Gut. Da füllen wir das Einkaufszentrum doch mal mit bedrohlich aussehendem und unfreundlichem Sicherheitspersonal. Und was können wir noch tun? Zum Beispiel könnten wir es unerträglich heiß dort machen, damit die Leute grantig werden und Kopfschmerzen bekommen. Lass uns das Ergebnis ein wenig manipulieren.«

Das Diagramm verschob sich, und aus den Ziffern ging hervor, dass eine große Mehrheit der Einkäufer bei ihrem Besuch fror.

»Da wäre noch die Kategorie ›Verbesserungsvorschläge‹. Da können wir getrost das eine oder andere löschen und durch unsere eigenen Vorschläge ersetzen. Wie wär's mit einer Recyclingstation im Erdgeschoss, die Ungeziefer und Ratten anzieht?«

»Wofür soll das gut sein?«, fragte Jens Jansen.

»Erstens«, sagte der Dunkle Ritter, »ist es lustig. Und zweitens braucht es keine weitere Begründung, wenn es uns zum Lachen bringt.«

Der Cursor huschte über den Bildschirm, und weitere Statistiken wurden bis zur Unkenntlichkeit gefälscht.

»Aber diese Aktionen dienen auch einem höheren Zweck. Denk an unsere Freunde, die Parasiten.«

»Ja, ich weiß. Die erfolgreichsten Organismen unseres Planeten.«

»Auch wir suchen ein Wirtstier, das wir langsam aussaugen, bis sein Lebensfunke erlischt und es planlos wie ein Zombie herumtorkelt.«

»Aber warum?«

»Wir glauben nicht an den Kapitalismus in seiner jetzigen Form. Wir widersetzen uns der Macht der Banken. Wir betrachten Lohnarbeit als eine moderne Form der Sklaverei. Wachstum erfüllt keine Funktion für die Menschen, sondern ist nur dazu da, um die Großkonzerne und deren Besitzer zu bereichern. Wir glauben an das Gegenteil des Wachstums. Das, was in unserer Zeit so undenkbar geworden ist, dass es nicht einmal einen Namen hat. Was man mangels einer besseren Bezeichnung eigentlich ›negatives Wachstum‹ nennen müsste.«

»Aber führt negatives Wachstum nicht zu Armut und Elend?«

»Im Gegenteil. Das Wachstum hat zu einer immer größeren Kluft zwischen Arm und Reich geführt. Solange der Reichtum nicht gerechter verteilt wird, ist Wachstum ein Problem. Aber wenn die ökonomische und politische Macht der Großkonzerne schrumpft, wenn das Wachstum negativ wird, dann hinterlässt es Hohlräume, die man für Leben statt für Sklaverei nutzen kann. In diesen Hohlräumen wollen wir Softopia bauen.«

»Dann sind also diese Terroraktionen, oder wie immer man sie nennt, eure Art und Weise, der Wirtschaftskrise auf die Sprünge zu helfen?«, fragte Jens Jansen.

Der Dunkle Ritter sah ihm tief in die Augen.

»Das hier ist nur der Anfang. Du bist ein Pionier. Wei Ji wird in der Zukunft Tausende Anhänger haben. Wir werden alle wichtigen Organisationen, Behörden, Dienstleister und Unternehmen der westlichen Welt unterwandern.«

Jens Jansen hörte gespannt zu. Seine Augen brannten, ihm war schwindlig. Die Wände des Büros schienen sich ihm entgegenzuneigen. Er war verschnupft. Vielleicht war das ja eine weitere Nebenwirkung des Testosteron hemmenden Präparats oder der langen Wochen der Isolation.

»Du bist schon lange einer von uns«, sagte der Dunkle

Ritter. »Du hast es bloß nicht gewusst. Du warst sogar einer der Besten. Was du bei Helm Tech geschafft hast, wird keiner so schnell übertreffen. Im Grunde hast du völlig allein eine ganze Firma an die Wand gefahren.«

»Oh, danke für das Kompliment«, sagte Jens Jansen matt und blinzelte verwirrt. Ihm wurde übel.

»Wir sprengen keine Gebäude in die Luft und kidnappen keine Menschen. Wir ermorden keine Politiker. Nicht einmal Schaufenster zertrümmern wir«, sagte der Dunkle Ritter, Jens Jansens leichenblasses Gesicht ignorierend. »So etwas tun nur Amateure und Narzissten. Wir dagegen nehmen dem System die Energie und bringen es zur Implosion. Wenn du eine Hotline anrufst und eine Dreiviertelstunde wartest, bis die Verbindung ohne Vorwarnung gekappt wird, dann stehen wir vielleicht dahinter. Wenn dein Breitbandanschluss nicht funktioniert. Wenn Spracherkennungssysteme deine Worte verwechseln, obwohl du deutlich sprichst. Wenn eine Radioreklame so unerträglich wird, dass du dir die Ohren zuhältst. Das ist unsere Strategie. Wir führen das Konsumentendasein in einer Weise ad absurdum, dass die Menschen irgendwann einfach aufhören werden zu konsumieren.«

Der Dunkle Ritter lehnte sich zurück und rieb sich die Hände.

»Wir sind die Ludditen des 21. Jahrhunderts.«

»Ludd ...«

»Lang lebe König Ludd!«, rief der Dunkle Ritter.

Jens Jansen wurde immer verwirrter.

»König wer?«

»Ludd!«

»Wer ist König Ludd?«

»Nach zweihundert Jahren weiß das immer noch keiner so genau. Aber es spielt auch keine Rolle.«

Während der Mann im Batman-Kostüm die Umfrage-ergebnisse weiter manipulierte, erzählte er Jens Jansen von der Geheimbewegung aus der Frühzeit des Industrialismus, deren Anhänger nachts die Maschinen der neuen Fabriken zerstörten. Aber die Ludditen »technikfeindlich« zu nennen, sei aus heutiger Sicht eine grobe Verallgemeinerung, meinte er.

»In Wirklichkeit haben diese Menschen für ihre Freiheit gekämpft. Sie kämpften nicht gegen Maschinen, sondern gegen ein System gieriger Industriebarone und korrupter Politiker. Sie kämpften gegen den raubgierigen Kapitalismus, der unseren Planeten in den folgenden zwei Jahrhunderten eroberte. Natürlich wurden sie verfolgt und umgebracht. Aber wir sind ihre Erben.«

Mit feierlicher Stimme rezitierte er ein paar englische Verse aus dem Gedächtnis.

> *»As the Liberty lads o'er the sea*
> *Bought their freedom, and cheaply, with blood,*
> *So we, boys, we*
> *Will die fighting, or live free,*
> *And down with all kings but King Ludd!«*

»Lord Byron«, erklärte der Dunkle Ritter. »Das Gedicht war damals zu kontrovers und wurde erst nach seinem Tod veröffentlicht. Worte waren schon immer das, was die Machthaber am meisten fürchteten.«

Nachdem er auch den letzten Punkt der Umfrage manipuliert hatte – die Einschätzung des ökologischen Profils des Einkaufszentrums –, zog er den USB-Stick aus dem Computer und steckte ihn ein.

»So! Und jetzt gehen wir uns ein bisschen kostenloses Essen holen!«

»Und wenn sie uns entdecken?«, fragte Jens Jansen ängstlich.

»Wir werden mit der Masse verschmelzen«, antwortete der Dunkle Ritter.

Er musterte Jens Jansen.

»Allerdings frage ich mich, wen oder was du darstellen willst. Ein schwarzes Loch? Einen Schatten? Einen Pantomimen auf dem Weg zu einem Banküberfall?«

Sie verließen das Büro der Marketingfirma und gingen über den Steg zu den Aufzügen. Der korpulente Superheld schritt voran, und hinter ihm trippelte der langbeinige Ninja.

Taking care of business

Die Tür des Aufzugs glitt auf, und Jens Jansen stockte das Blut. Im Aufzug stand Office Manager Gunnar Lidén in kompletter SS-Uniform mit glänzenden Reitstiefeln. Die Uniformmütze mit Totenkopfemblem war tief in das weiß geschminkte Gesicht gezogen. Der Nazizombie nickte den seltsam kostümierten Gestalten, die im ersten Stock einstiegen, verbissen zu.

Auf der Fahrt nach unten hielt Jens Jansen den Blick starr auf den Boden gerichtet und betete, dass der Dunkle Ritter den Mund halten würde. Natürlich vergebens.

»Die Nazis mochten keine Faulenzer«, sagte der kleine Mann.

Jens Jansen schluckte.

»Im Januar 1938 befahl Heinrich Himmler...«, er zeigte auf Gunnar Lidén, »... sogenannte arbeitsscheue Elemente zu verhaften und nach Buchenwald zu schicken. Dort nähte man ihnen schwarze Dreiecke auf die Brust.«

Gunnar Lidén schien ungerührt. Jens Jansen tat sein Bestes, keine Aufmerksamkeit auf sich zu ziehen, was der Dunkle Ritter kein bisschen unterstützte.

»Himmler betrachtete dieses arbeitsscheue Gesindel als eine Pest, Bakterien und Parasiten, die die Nazi-Gesellschaft von innen bedrohten. In einem gesunden Gesellschaftskörper hatten sie nichts zu suchen, weshalb er sie ausmerzen wollte.«

Der Dunkle Ritter knuffte den Ninja in die Seite.

»Macht das die Situation nicht besonders lustig?«

Er knuffte ihn erneut.

»Hast du gehört?«

»Schnauze!«, hustete Jens Jansen hinter der Skimaske.

Gänzlich unbekümmert zuckte der Dunkle Ritter mit den Schultern, und für den Rest der Fahrt standen sie schweigend da, die Hände hinterm Rücken verschränkt, und wippten auf den Hacken, wie die meisten Männer in Aufzügen. Ein kleiner, korpulenter Serienheld. Ein schwarzer Ninja. Ein Nazi in Uniform. Aus dem Deckenlautsprecher strömten diskrete Bossa-nova-Rhythmen in die enge Kabine, zusammengestellt und distribuiert von der Firma Muzak Holdings.

Die Uhr zeigte nach Mitternacht, als sie den Konferenzsaal von Infra City betraten. Eine Nebelmaschine blies weiße Schwaden über die Tanzfläche, und eine große Discokugel an der Decke schleuderte Glitzerpunkte in allen Farben des Regenbogens in den dunklen Raum. Mitten im Nebel streckte ein Gorilla die Arme in die Höhe und brüllte im Takt mit dem dröhnenden Rhythmus. Ein Super Mario leistete ihm Gesellschaft, während Captain Jack Sparrow und eine Schar leicht bekleideter Hexen um sie herumhüpften. Ein Systemadministrator mit Corpsepaint war in einen merkwürdigen Robotertanz versunken. Alle Hemmungen waren über Bord geworfen, und bei vielen war der Gleichgewichtssinn bereits außer Kraft. Ein torkelnder Spiderman stolperte über eine Sofagruppe und fegte dabei etliche Biergläser vom Tisch. In einer Ecke hinter dem Schlachtfeld, das vom Buffet übrig geblieben war, versuchte Frankensteins Braut kichernd, sich aus den Klauen der Mörderpuppe zu befreien. Ein Eishockeytorwart mit Vollmaske und einem Puck auf dem Kopf schwankte auf den Tisch der lebenden Toten von der Ecobeans AG zu. Ein männliches Skelett und eine weibliche Mumie stritten sich lautstark. Schließlich übergoss die Mumie das Skelett mit Bier und stürmte mit wehenden Verbänden aus dem Saal. Nicht weit davon saß eine dick geschminkte Pippi Langstrumpf breitbeinig auf einer Stufe und weinte in eine Lache aus stinkender Magensäure und billigem Buffetessen. Ein trauriger Stormtrooper zog einsame Kreise auf der Tanzfläche. Kein Wunder, dass niemand die beiden Gestalten bemerkte, die das Inferno aus populären Schreckgestalten, Trunkenheit und Entfremdung von einem kleinen Tisch am Rand der Tanzfläche aus beobachteten. Der Dunkle Ritter war auf einen Stuhl gesunken, pulte mit einem Zahnstocher Essensreste zwischen den Zähnen heraus und schüttelte den Kopf.

»Was?«, schrie Jens Jansen gegen die ohrenbetäubende Musik an.

»Das hier ist eine Tragödie. Eine Farce. Wolltest du etwa hierher zurückkehren?«, schrie er zurück.

Plötzlich hörten sie Schreie und splitterndes Glas vom Eingang. Eine große, muskulöse Gestalt hatte den Saal betreten und boxte sich durch die Menge. Hexen flüchteten vor dem Monster, und ein Vampir verlor seinen Drink, bis das Monster in der Mitte der Tanzfläche stehen blieb. Jens Jansen betrachtete den Mann, der auf der Jagd nach jemandem zu sein schien. Er trug ausgefranste lila Jeans, sein Oberkörper war nackt. Und er war von Kopf bis Fuß grün. Es war Stefan York, der in Gestalt des unglaublichen Hulk zurückgekehrt war. Der Vampir, dessen Glas er umgeworfen hatte, fühlte sich ungerecht angegriffen und wollte die Sache ausdiskutieren. Ein Hotdog half ihm dabei. Der Hulk schob den Blutsauger unsanft zur Seite und setzte seine Suche im blinkenden Lichterregen fort. Jens Jansen wollte unter den Tisch abtauchen, aber zu spät, Stefan York hatte ihn erblickt. Er stieß den Hotdog zu Boden und bahnte sich einen Weg durch die Menge. Jens Jansen sah seinen verkniffenen Mund die Worte »Jetzt bist du dran!« formen.

Jens Jansen sprang auf und machte sich zur Flucht bereit, doch im selben Moment kratzte die Nadel des Plattenspielers über die Rillen, und die wummernde Musik verstummte. Grelle Neonröhren leuchteten auf und verjagten den Zauber der Halloween-Nacht. Plötzlich sah man alle Essensreste und Bierpfützen auf dem Boden, und die Kostüme der Partygäste wirkten schlagartig lächerlich. Selbst der Festsaal wurde kleiner. Klebrige, nach Alkohol stinkende Knutschereien wurden unterbrochen, und fummelnde Hände zogen sich rasch aus BH-Körbchen zurück. Hemden wurden diskret zugeknöpft und schamvoll überraschte Blicke ausgetauscht. Die? Mit dem? Ist der nicht verheiratet?

»Buuuuh!«, rief jemand.

»Musik!«, protestierte ein anderer.

Doch stattdessen hallte die Stimme des SS-Office-Managers Gunnar Lidén durch den Saal.

»Hallo? Hören Sie mich?«

Eine Rückkopplung zerriss die Trommelfelle der Anwesenden, und der DJ drehte hektisch an den Reglern.

»Sieg Heil!«, rief jemand und kicherte hysterisch. Einige Gäste zischten verärgert. Schließlich verstummte das Gemurmel, und der Office Manager ergriff das Wort.

»Wir müssen das Fest leider unterbrechen, weil sich offenbar Unbefugte im Saal aufhalten.«

Eine weitere Rückkopplung schrillte.

»Dieses Arrangement ist nur für Angestellte der Firmen, die in Infra City ansässig sind. Alle anderen werden gebeten, den Saal unmittelbar zu verlassen.«

»Da sind sie!«, brüllte Stefan York und zeigte auf den Tisch, hinter dem sich Batman und Jens Jansen versteckten. »Da sind die Unbefugten!«

Alle Augen richteten sich auf die zwei Männer. Jens Jansen sah sich verzweifelt nach Fluchtwegen um. Sekunden später standen zwei uniformierte Wachleute hinter Stefan Yorks Rücken.

»Was macht ihr da, zum Teufel? Lasst mich los!«, schrie der grün bemalte Mann.

Er sträubte sich vehement, als die Wachleute ihn freundlich, aber bestimmt über die Tanzfläche zum Ausgang führten.

»Ihr habt den Falschen! Das ist ein Missverständnis«, wetterte er.

Gunnar Lidén stand hinter dem erhöhten Mischpult, warf dem unglaublichen Hulk einen höhnischen Blick nach und führte das Mikrofon erneut zum Mund.

»Ich wiederhole: Dieses Arrangement ist nur für uns, die in Infra City *arbeiten*. Wer das nicht tut, soll sich woanders amüsieren.«

Stefan York kochte vor Zorn. Er hatte die Botschaft verstanden.

»Macht mich nicht wütend«, zischte er. »Ihr wollt es nicht erleben, wenn ich richtig sauer werde.«

Gunnar Lidén bedeutete den Wachleuten mit einer Handbewegung, dass sie den grünen Mann hinausbringen sollten, doch ehe sie reagieren konnten, hatte der Hulk sich losgerissen.

Jens Jansen zog seinen Freund am Ärmel.

»Lass uns abhauen«, flüsterte er.

»Da lang«, sagte der Dunkle Ritter und zeigte auf ein

Notausgang-Schild. Hinter einem schwarzen Samtvorhang befand sich eine Tür, die in einen langen, erleuchteten Korridor führte. Jens Jansen rannte hinter dem kleinen Superhelden her durch den schmalen Gang. Die Tür schlug hinter ihnen zu und schluckte den Tumult, der im Festsaal entstanden war. Außer Atem liefen sie um eine Ecke und gelangten in eines der kleineren Treppenhäuser. Von dort führten ein Fahrstuhl und eine Tür ins Parkhaus.

»Hör mir gut zu«, sagte der Dunkle Ritter, als er wieder zu Atem gekommen war. »Jetzt gilt es. Diese Tür führt in die Welt draußen. Wählst du sie, kannst du mit dem weitermachen, was du ein ›normales Leben‹ nennst.«

Der Aufzug machte »Pling« und die Tür ging auf. Aus dem Inneren strömte leise Bossa-nova-Musik. Der Dunkle Ritter trat ein und drückte auf den Knopf mit der Sechs.

»Oder fahr mit mir in den sechsten Stock, und ich sorge dafür, dass du nach Softopia kommst. Deine Entscheidung. Aber jetzt.«

Jens Jansen zögerte. Aus dem Korridor drang neuer Lärm. Eine Tür wurde aufgeschlagen, und Schreie aus dem Festsaal hallten von den Betonwänden wider. Allem Anschein nach war dort Panik ausgebrochen. Schritte und etwas Metallisches, das über den Boden geschleift wurde, näherten sich.

»Wartet!«, schrie Stefan York mit einer Stimme, die dem Wahnsinn nah war.

»Jetzt!«, sagte der Dunkle Ritter und streckte den Fuß in die Aufzugtür.

Jens Jansen starrte die dunkle Tür zum Parkhaus an. Dann den beleuchteten Aufzug und die Gestalt mit dem schwarzen Umhang und den Fledermausohren.

Er sprang hinein, der Dunkle Ritter nahm den Fuß

aus der Tür, und kurz bevor sie sich schloss, sahen sie den Schatten des Hulk an der Wand gegenüber. Gleich darauf hörten sie dumpfe Schläge gegen die Aufzugtür. Doch sie waren außer Gefahr. Der Aufzug fuhr sie lautlos dem Himmel entgegen.

Melts in your mouth, not in your hands

Im sechsten Stock, an ihrem Arbeitsplatz, fand Jens Jansen sie über den Schreibtisch gestreckt, das Gesicht in einer Lache aus Speichel. Elisabeth Pukka hatte die blutbesudelte Schwesterntracht anbehalten. Die blonde Perücke und die Haube waren ihr vom Kopf gerutscht und lagen auf dem Boden. Um ihren Hals baumelte ein Stethoskop. Auf dem Schreibtisch stand eine halb leere Flasche Gin, daneben lag eine leere Packung Beruhigungsmittel.

»Vergiss sie«, flüsterte der Dunkle Ritter. »Wir müssen uns beeilen. Der Verrückte kann jede Sekunde hier sein.«

Jens Jansen beugte sich über die junge Frau. An ihrem weißen Hals pulsierte die Schlagader.

»Wir können sie doch nicht einfach sterben lassen.«

Er rüttelte an ihrer Schulter.

»Elisabeth, bist du okay?«

Keine Antwort. Jens Jansen schüttelte sie erneut, diesmal fester. Elisabeth Pukkas Kopf kippte nach hinten, und sie setzte sich mit einem Ruck auf. Sie versuchte, Jens Jansen anzusehen, aber ihre Pupillen schielten über Kreuz. Er wischte ihr den Speichel mit der Hand von der Wange.

»Wer bist du?«, stammelte sie leise.

»Das spielt keine Rolle«, sagte Jens Jansen hinter seiner Skimaske. »Aber du musst dich unbedingt wach halten.«

»Komm, es ist höchste Zeit!«, mahnte der Dunkle Ritter und sah hinaus in den Lichthof, wo sich ein gläsernes Treppenhaus dem Dach entgegenschraubte. »Der Hulk ist schon auf der Treppe.«

»Wir können ihm unmöglich eine hilflose Krankenschwester überlassen. Glaub mir, ich weiß, welche Fantasien dieser Verrückte mit Frauen in Dienstleistungsberufen hat.«

Jens Jansen legte Elisabeth Pukkas Arm um seinen Nacken. Ihre weißen Pumps schleiften auf dem Teppich, als er sie stöhnend in Richtung Abstellkammer schleppte. Sie protestierte schwach.

»Er ist schon im zweiten Stock«, hörte er den Dunklen Ritter rufen.

Jens Jansen trat die Yuccapalme zur Seite und zog Elisabeth Pukka in sein Versteck. Dort bugsierte er den schlaffen Körper in das Zelt. Sie protestierte und setzte sich auf der Luftmatratze auf. Ihr schwarzes, strähniges Haar hing ihr übers Gesicht. Die Krankenschwesterntracht war bis über den Bauch hochgerutscht. Darunter trug sie einen mit roten Kreuzen verzierten Slip und weiße Kniestrümpfe.

»Warte… wo sind wir eigentlich? Was ist das? Wer bist du?«, krächzte sie.

»Es ist besser, wenn du dich hier versteckst. Zu deiner eigenen Sicherheit.«

»Zu meiner eigenen Sicherheit? Wer bist du? Das Schwarze Phantom?« Sie sah sich verwirrt um und versuchte, ihre Kleider zu richten.

»Wo, zum Teufel, bin ich? Was ist das für ein Ort?«

Ein kleiner Plastikbrunnen plätscherte. Eine Lichterkette warf buntes Licht an eine Wand voller Zeitungsartikel, Fotokopien und Aufzeichnungen. Es gab komplizierte

Diagramme, die den Aufbau der Gesellschaft zeigten, gezeichnet mit schwarzem Filzstift. Daneben Pläne von Bürogebäuden. Und ein zwölf Punkte umfassendes Manifest für die Idealwelt Softopia. Alles zusammen ergab eine ausführliche Dokumentation des Lebens, das Jens Jansen in den letzten hundert Tagen hinter Regalen versteckt geführt hatte.

Der kleine Mann im Batman-Kostüm erschien im Türspalt.

»Wenn du nach Softopia willst, musst du jetzt kommen, sonst ist es zu spät.«

Stefan Yorks heisere Schreie hallten durch den Lichthof.

»Gleich«, zischte Jens Jansen.

Er zog die alte Telefonanlage heran und wählte 112. Als der Notruf antwortete, hielt er Elisabeth Pukka den Hörer vors Gesicht.

»Sag, dass sie sofort einen Krankenwagen schicken sollen. Dass du eine Überdosis genommen hast. Sonst stirbst du, Elisabeth, begreifst du das?«

Elisabeth Pukka hörte nicht auf ihn. Glücklich lächelnd blickte sie an die gelbe Zeltkuppel.

»Das ist ja ein Zelt. Ich liebe Camping. Gute Idee, drinnen zu zelten, da wird man bei Regen nicht nass«, nuschelte sie.

Ein lautes Tuten ertönte. Der Alarm war losgegangen, was bedeutete, dass Stefan York auf dem Steg vor dem Eingang war.

»Er ist hier«, stellte der Dunkle Ritter grimmig fest.

Das Geräusch von splitterndem Glas verriet, dass Stefan York nicht vorhatte, seine Passierkarte zu benutzen. Jens Jansen wedelte mit dem Telefonhörer. Er wusste, dass alle Notrufe aufgezeichnet werden, und wollte um jeden Preis anonym bleiben. Verzweifelt versuchte er, der umnebelten Elisabeth Pukka zu soufflieren.

Elisabeth Pukka nahm den Hörer und blickte ernst drein. Doch der Schein täuschte.

»Schickt die Kavallerie, ein Verrückter läuft Amok«, presste sie hervor und brach in schallendes Gelächter aus.

Dann wurde sie wieder ernst und richtete den Zeigefinger auf Jens Jansen.

»Mein Gott, jetzt weiß ich, wer du bist. Ich vergesse nie eine Stimme.«

Ihre Augen füllten sich mit Tränen, und sie legte eine Hand auf den Mund.

»Du bist Jens Jansen. Warum kommst du aus dem Todesreich zurück?«

»Ich weiß nicht, wovon du redest«, zischte Jens Jansen. Er legte die Hände um ihren Nacken und versuchte, ihr in die ausdruckslosen Augen zu schauen. Er schlug ihr auf die Wange. Sie blinzelte. Sekunden später schien sie im Sitzen zu schlafen. Jens Jansen schüttelte sie.

»Wach auf!«

Ohne Vorwarnung krümmte sie sich zusammen und kotzte ihm über eine Hand und auf die Schwesterntracht. In der Pfütze aus Galle und Alkohol schwammen kleine, halb aufgelöste Tabletten. Ihr Mascara lief in langen Streifen die Wangen hinab.

»Scheiße. Guck mal, wie das hier aussieht«, stammelte sie.

Auf der anderen Seite hatte Stefan York das bruchsichere Glas der Eingangstür in ein Gefüge verwandelt, das an Spinnweben erinnerte. Mit einem großen Feuerlöscher schlug er auf die Tür ein. Der Alarm schrillte weiter, ein Warnlicht unter der Decke tauchte die Wände in flackernd gelbes Licht.

»Wassup!!!«, brüllte Stefan York, als das Glas nach-
gab und er durch die Tür sprang. Auf dem Bildmaterial
der Überwachungskameras, das später unter dem Titel
»The Hulk smashes office« ein Riesenerfolg auf YouTube
wurde, sah man ihn als Erstes die Empfangstheke um-
werfen. Werbekugelschreiber und Süßigkeiten flogen in
hohem Bogen durch die Luft. Dann fand er einen Golfschläger und hämmerte ihn mit voller Wucht in einen
Bildschirm. Systematisch zertrümmerte er die kugel-
förmigen Lampen, die in Reihen von der Decke hingen.
Er trat Trennwände um, kletterte auf die Tische und
schwang den Golfschläger wild um sich, sodass Telefone,
Aktenordner, Monitore und Tastaturen in alle Richtungen flogen.

Als Nächstes ließ er seine Wut am Kopiergerät aus.
Er nahm Anlauf und schob es in voller Fahrt durch das
Panoramafenster zum Lichthof. Schreiende Partygäste
suchten Schutz vor den herabregnenden Glassplittern.
Mit einem ohrenbetäubenden Knall landete das schwere
Bürogerät zwanzig Meter tiefer auf dem Marmorboden.
Zielstrebig trug Stefan York die restliche Einrichtung
zu dem zertrümmerten Fenster und warf Schreibtische,
Stühle, Computer, Topfpflanzen und Schreibtischlampen
in den Abgrund. Eine wachsende Schar Partygäste versammelte sich in sicherem Abstand unter der Galerie, um
dem Schauspiel beizuwohnen. Ihre Smartphone-Kameras
waren nach oben gerichtet, um den psychischen Zusam-
menbruch, der sich im sechsten Stock abspielte, zu doku-
mentieren und zu teilen. Tausende Blätter Papier schweb-
ten wie Herbstlaub den Lichthof hinab, dann krachte die
Altpapiertonne ins Restaurant. Inmitten der Zuschauer
stand der Office Manager Gunnar Lidén in seiner SS-Uniform. Er sah seltsam gelassen und zufrieden aus und lä-

chelte wie ein Kind, das einer hilflosen Fliege die Flügel ausreißt. Gunnar Lidén hatte allen Grund dazu, denn er wusste, dass die Einsatzkräfte des Wachdienstes unterwegs waren. Er kannte die Jungs und wusste, wie sehr sie für Ordnung und Sicherheit brannten.

Just do it

Das Letzte, was Jens Jansen von Elisabeth Pukka sah, waren ihre Füße, die aus der Zeltöffnung herausragten. Er schloss die Tür zur Abstellkammer und hoffte, dass diese Maßnahme Elisabeth vor der Raserei des schrecklichen Hulk retten würde. Dann folgte er dem Dunklen Ritter. Sie duckten sich hinter den Trennwänden, die noch standen, und gelangten ungesehen in die Postabteilung. Am anderen Ende des Büros setzte Stefan York seine Zerstörungsorgie fort.

Leise schloss Batman die gelbe Metalltür und blockierte sie mit einem Besenstiel. Das Gebrüll und die Berserkerwut hinter ihnen gingen unvermindert weiter. In wenigen Sekunden würde eine Einsatztruppe des Wachdienstes das Büro stürmen. Stefan York würde von einer Fußballmannschaft durchtrainierter Männer in Gasmasken, Helmen und schussicheren Westen umzingelt werden. Die schwarz gekleideten Sicherheitsleute würden sich ihm langsam nähern, und Stefan York würde aus seinem Zornesrausch aufwachen. Er würde die Schultern senken und verlegen lächeln. Ungläubig und verwirrt würde er das Chaos betrachten, das er angerichtet hatte. Er würde den Kopf schütteln, aber weiter würde er nicht kommen. Der Kreis der Uniformierten würde sich blitzschnell um ihn schließen, wie ein weißes Blutkörperchen, das ein fremdes Bakterium schluckt. Wiederholte Hiebe mit elektrischen Schlagstöcken würden seinen muskulösen Körper mit einem dumpfen Knall zu Boden befördern. Eine ganze Dose Pfefferspray würde in sein schmerzverzerrtes Gesicht gesprüht werden und Stiefeltritte seine Rippen brechen. Dann würden sie ihn an den Füßen zur Tür hinausziehen. Sein Kopf würde auf dem Teppich schleifen und eine breite Blutspur hinterlassen.

The world – on time

In den Regalen der Postabteilung lagen Warenproben, bereit zum Versand an die Kunden. An den Wänden lehnten Paletten. Der Dunkle Ritter kippte einen großen Karton um, aus dem in Plastikfolie eingeschweißte Fahrradhelme fielen. Er stellte ihn auf eine Palette, riss einen Sack voll Styroporkügelchen auf und füllte den Karton zur Hälfte.

»Okay«, sagte er. »Spring rein.«

»Wie lange werde ich unterwegs sein?«, fragte Jens Jansen.

»Wenn der Paketdienst hält, was er verspricht, kommst du morgen Nachmittag an.«

»Und wenn ich mal muss?«

»Dafür habe ich vorgesorgt …«

Jens Jansen starrte misstrauisch auf den Hygieneartikel, den der Dunkle Ritter aus der Tasche zog.

»Tena Slip Maxi?«, las er auf der Verpackung.

»Glaub mir, eine solche Reise willst du nicht ohne Windel machen. Runter mit der Hose.«

Jens Jansen seufzte tief und gehorchte.

»Aua, nicht so fest!«

»Entschuldigung. Besser so?«

»Ja, das ist okay.«

»Prima. Willkommen an Bord.«

Jens Jansen zog die langen Unterhosen hoch, kletterte

in den Karton und versank in den weißen Kügelchen wie in einem Schaumbad.

»Werde ich auch nicht ersticken?«

»Nein, es gibt Luftlöcher.«

»Und wenn ich Hunger kriege?«

»Du sollst nicht essen. Du sollst schlafen. Wasser?«

Auf Batmans ausgestreckter Hand lagen drei kleine Tabletten. In der anderen Hand hielt er eine Plastikflasche Mineralwasser mit Granatapfelgeschmack. Jens Jansen nahm die Pillen und spülte sie hinunter. Das Letzte, was er sah, als er langsam in den weißen Kügelchen versank, waren ein Paar spitze Fledermausohren, die sich vor das Neonlicht an der Decke schoben. Er blinzelte, um scharfzustellen, aber er sah bereits doppelt. Dann wurde alles dunkel. Er hörte gerade noch, wie sein Kamerad den Karton mit Paketband und Nylonschnur verschloss.

You've come a long way, baby

Zuerst glaubte Jens Jansen, er sei tot. Benebelt von den starken Schlaftabletten hielt er das verwüstete Büro für eine moderne Version des Fegefeuers. Hier war er eingesperrt, um über seine Sünden nachzudenken, bevor sie ihn ins Jenseits führten. Er war in dem engen Karton erstickt, so musste es sein. Oder die Schlafmitteldosis war zu hoch gewesen. Nun war er tot, und seine Seele schwebte über seinem Körper. So hatte er sich den Tod nicht vorgestellt.

Stück für Stück verdrängte die Wirklichkeit seine Fantasien. Die bittere Wahrheit war, dass er versagt hatte. Sowohl im echten Leben als auch im Tod. Nicht einmal ordentlich sterben konnte er. Er hatte es nicht geschafft, jemand zu sein, aber genauso wenig war es ihm gelungen, niemand zu sein. Er hatte in jeder erdenklichen Hinsicht versagt. Er war zurück auf Los und immer noch in den Büroräumen von Helm Tech. Als Nächstes kam die Einsicht, dass er mit größter Wahrscheinlichkeit den Verstand verloren hatte. Die Isolation in der engen Vorratskammer hatte ihn zum Psychotiker gemacht. Er hatte Halluzinationen. Er hatte Dinge erlebt und gesehen, die es nicht wirklich gab. Ein kleiner, dicker Mann im Batman-Kostüm. Eine Untergrundbewegung, die das Milchpulver in Kaffeeautomaten vergiftete, eine Art Virusattacke gegen die kapitalistische Weltordnung. Ein naiver Traum von Freiheit. Eine Revolution der Faulpelze.

»Lächerlich«, flüsterte er.

Aber – wer hatte dann den Karton verschlossen, in dem er aufgewacht war? Das konnte er unmöglich selbst getan haben. Und warum hatte der Dunkle Ritter ihn einfach dort stehen lassen und das Paket nicht einmal adressiert? Gab es Softopia überhaupt? War das alles nur ein Experiment? Ein ziemlich kranker *practical joke*? Oder war das Erwachen in einem Karton Teil eines merkwürdigen Rituals, durch das man in diesen Kurort für arbeitsscheue Elemente, diesen Shaolin-Tempel für Faulenzer, gelangte? Eine Feuertaufe der seelischen Reinigung? Jens Jansen versuchte herauszufinden, ob er ein anderer Mensch geworden war, seit er sich in den Karton gelegt hatte. Auf jeden Fall war er hungriger als je zuvor.

Er versuchte auszurechnen, wie lange er in dem Karton gelegen hatte. Das Halloweenfest hatte an einem Donnerstag stattgefunden. Nun war kein Mensch im Büro, also hatte er mindestens den ganzen Freitag darin gelegen. Wahrscheinlich hatte das Personal über Allerheiligen frei bekommen, damit das Büro saniert werden konnte, sinnierte Jens Jansen.

»Welcher Tag ist dann heute?«, grübelte er.

Samstag? Sonntag wohl kaum, dann hätte er zwei Tage und zwei Nächte in dem Karton verschlafen. Nein, es musste Samstag sein.

Die Anzugjacke hing lose auf seinen Schultern. Die verschwitzte, schwarze Unterwäsche hatte er zusammengefaltet und mit der Skimaske auf seinen alten Schreibtisch gelegt. Er drehte sich um und betrachtete die öde Bürolandschaft. Die Tür hinter der Yuccapalme, hinter der er über drei Monate lang gehaust hatte, war geschlossen. Er dachte an Elisabeth Pukka und stellte sich vor, wie sie dort drinnen aufgewacht war, vollgekotzt und mit dröhnenden Kopfschmerzen. Würde sie sich an die maskierte Gestalt erinnern, die sie dorthin gebracht hatte? Was würde sie über den Zeltplatz in der Abstellkammer berichten? Hatte sie die Informationen gesehen, mit denen er die Wand tapeziert hatte? Die Zeitungsartikel? Sein Gekritzel? Spielte das überhaupt noch eine Rolle?, dachte Jens Jansen. Jetzt war sowieso alles egal. Er wusste ja nicht einmal, ob Elisabeth Pukka noch am Leben war. Genauso gut konnte sie tot dort drinnen liegen. Er brachte es nicht über sich, die Tür zu öffnen und nachzusehen. Nichts deutete darauf hin, dass sich außer ihm noch jemand in dem Großraumbüro befand.

Er sah sich seufzend um. Der Boden war mit Papier, Ordnern, Plastikhüllen und roten Flecken übersät, die wie Blut aussahen. Die meisten Schreibtische waren umgestürzt, die Trennwände der Module lagen im Raum verstreut. Alle Bilderrahmen, in denen Poster alter Werbekampagnen hingen, waren zerschlagen, die Bildschirme zertrümmert. Ein Feuerlöscher lag auf dem Boden, der Inhalt war auf den Teppich gesprüht worden. In den Gipswänden und Türen der kleineren Sitzungsräume klafften große Löcher. In der Deckenverkleidung fehlten Platten, und gerissene Kabel hingen herab wie Lianen, als hätte sich jemand daran durch den Raum geschwungen.

Das plötzliche »Pling« der Aufzüge riss Jens Jansen aus seinen Gedanken. Er sprang auf, wusste nicht, wie er reagieren sollte. Weglaufen und sich verstecken? In die Freiheit stürmen? Stattdessen blieb er wie versteinert stehen. Was dann geschah, kam so überraschend, dass er überzeugt war, doch gestorben zu sein.

Sein Vater kam auf ihn zu, begleitet von einer etwa gleichaltrigen Frau mit großer Sonnenbrille. Beide zogen kleine Alukoffer hinter sich her, deren Räder von dem vielen Gerümpel gebremst wurden. Sie strahlten ihn an, als stünde er in der Ankunftshalle eines Flughafens, um sie abzuholen. Beide waren sonnengebräunt. Sie trug eine weiße Hosen und eine taillenlange Pelzjacke, er eine dunkelblaue Klubjacke und Krawatte. Die Falten um die Augen waren etwas tiefer als früher, und sein Haar war unnatürlich dunkel gefärbt.

»Schön, schön«, sagte sein Vater und atmete schwer. »Hab mir schon gedacht, dass ich dich hier finde.«

Jens Jansen starrte das ältere Paar verwirrt an.

»Ja, das ist, wie du dir denken kannst, meine Frau Gloria.«

Jens Jansen nahm ihre Hand. Sie war kalt und leicht feucht.

»Gibt es hier eine Toilette, die funktioniert?«, fragte die Frau und rümpfte die Nase. Jens Jansen zeigte ihr die Richtung, und sie verschwand.

Björn Jansen setzte sich neben seinen Sohn auf das Sofa und klopfte ihm väterlich auf den Oberschenkel.

»Ja, lange nicht gesehen. Wie ist es dir ergangen?«

Jens Jansen musste husten.

»Papa?«

»Ja?«

»Wo bin ich?«

»Tja … Sieht so aus, als wärst du auf der Arbeit. Hattet ihr Betriebsfest? Mein Gott, wie es hier aussieht.«

»Ich will nur eins wissen: Bin ich tot?«

»Tot? Alle *glauben*, dass du tot bist. Aber du scheinst mir ganz schön lebendig zu sein. Jedenfalls fast.«

»Und du bist auch nicht tot, sondern in echt hier?«

Das Lächeln wich aus dem Gesicht des Vaters. Er sah seinen Sohn bekümmert an.

»Jens, was sind das für Dummheiten?«

»Wieso Dummheiten?«, fragte Jens.

»Einfach von zu Hause abzuhauen und sich so anzustellen. Du bist ein erwachsener Mann, Jens. Du musst Verantwortung übernehmen und darfst nicht einfach damit rechnen, dass ich schon komme und alles für dich richte.«

Jens Jansen zuckte mit den Schultern.

»Hast du Mari getroffen?«, fragte er.

»Ja, es gab einiges zu regeln mit der Wohnung. Sie will dort nicht bleiben, weil sie glaubt, du seist tot.«

»Wie geht es ihr?«

»Sie ist sehr, sehr unglücklich.«

»Okay«, seufzte Jens Jansen. »Ich sollte sie vielleicht anrufen.«

Sein Vater sah ihn ernst an.

»Nein, Jens. Du wirst sie *nicht* anrufen. Du wirst niemanden anrufen.«

Er griff in die Jackentasche, zog einen Plastikchip hervor und reichte ihn Jens Jansen.

»Weißt du, was das ist?«, fragte er.

»Nein«, antwortete Jens Jansen.

»Das ist der Schlüssel zu deinem neuen Leben.«

»So?«

»Dieser Chip öffnet ein Schließfach im Terminal 5 von Arlanda. Darin liegen ein Pass, Flugtickets und etwas Bargeld. Sowohl Dollar als auch Yen.«

Jens Jansen studierte den kleinen Plastikchip.

»Das ist nicht leicht für mich gewesen, Jens. Aber ich habe eingesehen, dass du vielleicht nicht 100 Prozent zufrieden warst, der zu sein, der du bist. Und sogar...«

Der Vater seufzte tief und blinzelte frenetisch. Er griff in die Jackentasche, zog ein Taschentuch hervor und schnäuzte sich.

»Und selbst in dieser Situation hast du die Wahl bezüglich deiner zukünftigen Identität. Betrachte es als Chance, ganz von vorn zu beginnen.«

»Wessen Pass ist das?«, fragte Jens Jansen.

»Von heute an heißt du John Gyllde. Ich dachte mir, dass du bestimmt komplett neu anfangen willst.«

»Aber woher hast du den Pass?«

Der Vater zuckte mit den Schultern.

»Es gibt für alles einen Markt.«

Jens Jansen versuchte zu begreifen, was in dem zertrümmerten Büro vor sich ging. Als zwölfjähriger Junge hatte er sich eine Erklärung für das Verschwinden seines Vaters ausgedacht, die ihm plötzlich wieder in den Sinn kam. Er räusperte sich verlegen.

»Hast du in all den Jahren als Geheimagent gearbeitet?«

Sein Vater lachte.

»Nein. Aber in meinem Golfklub gibt es ein paar Passagiere der Estonia.«

»Estonia?«

»Ja. Sie haben das Schiffsunglück genutzt, um das Land zu verlassen, und dafür gesorgt, dass ihre Namen auf der Passagierliste standen.«

Jens Jansen runzelte die Stirn.

»Das ist gang und gäbe bei Katastrophen mit vielen Todesopfern. Menschen, die verschwinden wollen, nutzen diese Gelegenheiten. Genauso war es nach dem Tsunami.«

»Warum wollten die Golfer verschwinden?«

»Vielleicht hatten sie hohe Schulden oder wollten ein neues Leben mit ihrer Geliebten beginnen, was weiß ich? Ich wollte nicht zu viel fragen, aber Tatsache ist, dass auf spanischen Golfplätzen erstaunlich viele Tote herumlaufen.«

»Haben sie keine Angst, erkannt zu werden?«

»Sie haben ihre Identität gewechselt. Manche gehen auch zu plastischen Chirurgen – oder jedenfalls sehen sie so aus. Über sie bekam ich Kontakt zu einem ›Identitätskonsulenten‹, wie sie es nennen.«

Jens Jansen bemerkte, dass sein Vater ungeduldig mit den Füßen auf dem Teppich scharrte.

»Noch eins, Jens.«

»Okay?«

»Seit Mitternacht ist John Gyllde geschäftsführender Direktor der Firma Helm Tech, mit Hauptsitz in Shanghai.«

Jens Jansen nickte stumm. Sein Vater rieb sich die vom vielen Golf spielen in der andalusischen Sonne gebräunten Hände.

»Was geschieht mit Karl Frid?«

»Es war nie geplant, dass er die Firma weiterführt. Der Vorstand hat einstimmig beschlossen, dass er geht, sobald der Vertrag mit den Chinesen unterschrieben ist.«

»Wie hast du den Vorstand dazu gebracht, eine völlig unbekannte Person zu ernennen?«

Der Vater lachte geheimnisvoll.

»Sie haben ganz einfach meine juristische Macht unterschätzt. Genau, wie Klas und ich es damals geplant hatten.«

»Bist du noch im Vorstand?«

»Nein, ich habe alle Aktien verkauft. Fahrradhelme sind ein abgeschlossenes Kapitel für mich. Jetzt bist du am Ruder, mein Sohn. In Shanghai wartet ein Direktorenbüro auf dich.«

Jens Jansen seufzte tief.

»Mach dir keine Sorgen. Die Chinesen werden sich um die Geschäfte kümmern. Du musst dich nur ab und zu im

Büro zeigen. Du wirst jede Menge Zeit haben, deinen Abschlag zu trainieren.«

Der alte Mann mit dem schwarz gefärbten Haar wischte einen imaginären Fleck von der Anzughose.

»Manchmal läuft einfach alles schief. So ist das, Jens. Dann ist es vielleicht das Beste, einen Schlussstrich unter alles zu ziehen. Und damit meine ich wirklich alles.«

Jens Jansen sah seinen Vater an. Die Nase war rot und zerklüftet. Der unnatürlich gerade Haaransatz zeugte von einer Transplantation. Unter dem Anzug und dem zitronengelben Hemd wölbte sich der Bauch. Er hatte schon immer eine Schwäche für fette Soßen und gute Weine gehabt. Und er hatte immer ein anderer sein wollen, als er eigentlich war: ein Junge aus der Arbeiterklasse des nordschwedischen Industriestädtchens Örnsköldsvik. Er roch nach teurem Rotwein und Fahrenheit. Dass er dieses Parfüm nie leid wurde, dachte Jens Jansen.

»Du wärst ohne mich besser zurechtgekommen, stimmt's?«

»Was?«

Jens Jansens Tonfall war weder aggressiv noch anklagend.

»Wir haben nie in deine Pläne gepasst, Mutter und ich. Wir standen dir immer nur im Weg.«

»Jetzt bist du aber nicht konstruktiv«, antwortete sein Vater. »Ich versuche nur, dir zu helfen und deine Probleme zu lösen. Das würde jeder verantwortungsvolle Vater tun.«

»Welche Probleme?«

»Na, dein Leben.«

»Mein Leben?«

»Ja, dein Leben. Es ist wohl nicht so gelaufen, wie du es dir vorgestellt hast. Deshalb will ich dir helfen, von vorne zu beginnen. Betrachte es als die große Chance, denn es ist eine.«

Jens Jansen drehte den Chip in der Hand. Sein Vater räusperte sich, wie um anzukündigen, dass er eine wichtige Weisheit von sich geben wolle.

»Weißt du, dass die Chinesen ein besonderes Zeichen für ›Katastrophe‹ haben?«

Der Vater führte die Fingerspitzen vor dem Gesicht zusammen, um seine Worte zu unterstreichen.

»Es besteht eigentlich aus zwei Zeichen. Das eine bedeutet ›Gefahr‹, das andere ›Chance‹.«

»Wei Ji«, unterbrach ihn Jens Jansen.

»Was?«, antwortete der Vater.

»Es heißt Wei Ji. Auf Chinesisch.«

»Oh, du hast schon davon gehört?«

Absätze klackerten über den Boden. Die ältere Frau kam in einer Wolke aus schwerem Parfüm zurück.

»Seid ihr fertig?«, fragte sie und sah ihren Mann auffordernd an. »Wir müssen gleich gehen, wenn wir unseren Flug nicht verpassen wollen.«

»Ja«, sagte Jens Jansens Vater und stand auf. »Das war eigentlich alles.«

Er klang nicht sehr überzeugt. Mit einem gequälten Lächeln streckte er seinem Sohn die Hand entgegen. In Wirklichkeit blinzelte er, um die Tränen zurückzuhalten. Jens Jansen stand auf und umarmte seinen Vater. Der Vater versteifte sich und klopfte ihm fest auf die Schulter.

»Das ist der erste Tag vom Rest deines Lebens. Deines neuen Lebens. Vergiss das nicht«, sagte er ernst. Dann zog er den Griff seines Rollkoffers heraus, hakte sich bei seiner Frau unter und begab sich zum Ausgang. Jens Jansen ließ sich zurück aufs Sofa fallen und schaute den beiden nach. Kurz vor der demolierten Tür drehte sein Vater sich noch einmal um.

»Hast du noch das Buch, das ich dir geschenkt habe?«

»Welches Buch?«

»Carnegie.«

»Ach, das.«

Mit einem Lächeln auf den Lippen zitierte der Vater seine Lieblingszeilen:

»Ihnen ist nicht nach Lächeln zumute? Was tun? Zwei Dinge. Erstens: Zwingen Sie sich dazu. Wenn Sie allein sind, zwingen Sie sich, eine Melodie zu pfeifen, zu singen oder zu summen. Tun Sie, als wären Sie glücklich, und es wird Ihnen leichterfallen, glücklich zu sein.«

Jens Jansen nickte und tat, als würde er über die Worte nachdenken, die sein Vater in jenem Sommer so oft gesagt hatte. Als er zwölf Jahre alt war und seine Mutter so krank, dass sie nur noch im Bett liegen konnte. Sie waren zusammen in einem bronzefarbenen Chrysler Grand Voyager von Ort zu Ort gefahren, der Kofferraum voller Fahrradhelme, und hatten Fahrrad- und Sportläden in den kleinsten Käffern abgeklappert. Er erinnerte sich an das freudlose Lächeln seines Vaters, wenn er mit einem Arm voll Warenproben zum Auto zurückkam, nachdem ein weiterer provinzieller Großkotz kein Potenzial in einem knallroten Fahrradhelm aus Polystyrol gesehen hatte. Damals trug niemand auf dem Fahrrad einen Helm. Jener Sommer war der letzte, den sie zusammen verbracht hatten. Im Herbst hatte der Vater sie verlassen.

»In dem Buch steht alles, was du wissen musst«, rief sein Vater ihm von der Tür aus zu. »Betrachte es als Bibel. Wenn du die Ratschläge darin befolgst, brauchst du dir um nichts Sorgen zu machen.«

Anstelle einer Antwort streckte Jens Jansen den Daumen in die Luft.

»Du bist in einer Win-win-Situation, vergiss das nicht. Win-Win!«, rief sein Vater mit demselben erzwungenen Lächeln auf den Lippen.

Dann war er verschwunden.

Enjoy!

Schließlich stand er auf und schritt über das Schlachtfeld von Glas- und Plastiksplittern. Er streifte seine Windjacke über, die immer noch an der Garderobe hing, und zog die Kapuze tief über den Kopf. Der Aufzug kam mit dem bekannten »Pling« an. Er stieg ein und drückte den grünen Knopf für das Erdgeschoss. Auf der Fahrt nach unten drehte er den lila Chip in der Hand. Jens Jansen verließ zum ersten Mal seit hundert Tagen das Gebäude und blinzelte in die blendende Sonne. Es war ein kalter, klarer Novembertag. Draußen roch es nach vermodertem Laub und den Abgasen der E 4, die am Horizont dröhnte. Er ging an einem Gully vorbei und blieb stehen. Hörte unter dem Gitter das Wasser leise rauschen. Er öffnete die Hand und betrachtete den Chip. Auf der Vorderseite stand das Logo der Safe Travel Inc., der globalen Firma, die auf fast allen Flughäfen der Welt Schließfächer unterhielt. Auf der Rückseite befand sich ein Magnetstreifen wie auf einer Kontokarte. Er zögerte einen Augenblick, dann ließ er den Chip in den Gully fallen und im Abwassersystem von Infra City verschwinden. Er wickelte die Jacke fest um sich, machte kehrt und ging in Richtung Hotel. Wohin sein Weg ihn führen würde, wusste er nicht. In der Hosentasche hatte er ein paar Banknoten, die übrig geblieben waren, vielleicht reichten sie ja für ein Taxi in die Stadt.

»Hallo?«

Zuerst hörte er die Stimme gar nicht und ging an ihr vorbei.

»Hallo?«, wiederholte die Frau.

Er blieb stehen und drehte sich um. Sie trug einen schwarzen Mantel und hatte einen großen Schal um den Kopf gewickelt, als wolle sie sich verstecken. Eine dunkle Locke fiel über ihr Gesicht, sie schob sie zurück. Er kannte die Frau nicht. Sie hatte traurige, schwarz geschminkte Augen und markante Augenbrauen. Ihr Gesicht war blass, als wäre sie lange nicht im Freien gewesen. Die Lippen hatte sie hellrot geschminkt.

»Du bist doch Jens Jansen, oder?«

Er schaute sich um. Sie waren die einzigen Menschen auf dem Parkplatz. Ihre Stimme kam ihm bekannt vor, aber er wusste nicht, wo er sie einordnen sollte. Sie sah ihn an und lachte. Er errötete wie ein Teenager unter ihrem forschenden Blick. Obwohl es für diese Reaktion sicher eine biologische Erklärung gab, dachte er. Nach seiner chemischen Kastration durch den vergifteten Kaffee hatte sein Körper während der Ruhezeit in der Kiste wieder begonnen, Testosteron zu produzieren. Zum ersten Mal seit vielen Jahren fühlte er sich in Gesellschaft einer Frau unsicher, verlegen und seines Körpers unnatürlich bewusst. So musste es sein, dachte Jens Jansen, und der Gedanke war fast erschreckend.

»Erkennst du mich nicht?«, fragte sie, lachte und trat einen Schritt näher.

Jens Jansen musterte sie genau. Die Frau hatte einen kaum hörbaren russischen oder polnischen Akzent. Aber er hatte sie nie zuvor gesehen, da war er sicher. Er suchte verzweifelt nach Worten, sehr wohl ahnend, dass alles, was er sagte, falsch herauskommen und er sich bis auf die Knochen blamieren würde. Also schwieg er und wurde noch röter. Auf seinen Lippen lag ein verlegenes Lächeln.

»Ach, entschuldige, wie sollst du mich denn auch erkennen«, sagte sie. »Wir haben ja nur am Telefon miteinander gesprochen.«

Epilog

Der Bürokomplex am Stockholmer Hauptbahnhof sieht aus wie ein Puppenhaus aus Glas und Beton. Von der Straße hat man Einblick in alle Etagen. Es ist lange nach Feierabend. Sieht man genau hin, erkennt man im dritten Stock einen Angestellten, der einsam im Schein einer Schreibtischlampe sitzt.

Hinter dem dicken Glas herrscht Stille. Nur das leise Brummen der Klimaanlage ist zu hören. Ein Pendelzug fährt vom Hauptbahnhof in Richtung Märsta, das Geratter pflanzt sich durch das gesamte Gebäude fort. Auf dem Schreibtisch des einsamen Mannes steht ein Pappbecher mit der Aufschrift »Ecobeans«, aus dem er eifrig Milchkaffee schlürft. Der Schlips hängt wie eine Schlinge um seinen Hals. Er nimmt das Telefon ab, zögert kurz und wählt eine Nummer. Nach dem vierten Freiton schaltet sich ein Anrufbeantworter ein: »Vielen Dank für Ihren Anruf. Man nennt mich ›die Krankenschwester‹. Vielleicht haben Sie schon von mir gehört?«, sagt eine weibliche Stimme mit finnlandschwedischem Akzent.

Der Mann drückt den Hörer ans Ohr und hört ihr aufmerksam zu. Natürlich hat er von ihr gehört. In diesem Winter kursieren viele Gerüchte. Softopia geht als Urban Legend in der Geschäftswelt um. Oder ist es vielleicht eine ungewöhnlich raffinierte Werbekampagne?

Bei manchen erweckt das Gerücht trotz allem eine gewisse Hoffnung. Sie forschen weiter. Sie entdecken täglich neue Graffitis, chinesische Zeichen an Hauswänden und Betonmauern entlang der Autobahn. Sie sehen das Bild der verschwundenen Frau in der Zeitung, das letzte, das auf einem Maskenball gemacht wurde, auf dem sie als Krankenschwester verkleidet war. Sie hören die Gerüchte, dass sie in Wirklichkeit abgetaucht sei. Dass sie eine neue Revolution anführe, die immer mehr Anhänger finde. Schließlich stoßen sie auf eine Telefonnummer und geloben, sie niemandem weiterzugeben.

»Den Hörer abheben und die Nummer wählen ist nur der erste Schritt«, fährt die Stimme vom Band fort. »Der erste Schritt in dein neues Leben. Du hast diese Nummer von einem Menschen bekommen, dem du nicht gleichgültig bist. Du hast angerufen, weil du von einer neuen Morgenröte träumst.«

Der Mann am Schreibtisch schaut nach draußen in den Nachthimmel, der die gleiche Farbe hat wie das Display eines erloschenen Smartphones. Er trinkt mehr Kaffee. Verzieht das Gesicht und schluckt. Seine Augen sind eingesunken und bläulich umrandet. Sein Haar sieht ungewaschen aus. Das früher einmal so repräsentative Hemd ist voller Flecken. Die Frauenstimme fährt fort:

»Wir freuen uns über deinen Anruf. Du bist nicht allein. Denke immer daran: Du bist nicht allein.«

Der Mann wiederholt die magischen Worte: »Ich bin nicht allein. Ich bin nicht allein…«

Die Frauenstimme:

»Heute glauben nur noch Fanatiker an das System. Es sind nicht viele, aber sie haben großen Einfluss. Sie steuern die Gesellschaft und wollen auch dein Bewusstsein manipulieren. Für sie sind du, ich und unsere Zeit auf Erden bloße Rohware, die sie ausbeuten können. Das muss aufhören. Wir müssen uns friedlich, aber bestimmt zurückholen, was uns gehört. Unsere Zeit. Unser Leben.«

Im Treppenhaus erklingt ein metallisches Geräusch. Der Mann senkt den Hörer und legt die Hand über die Sprechmuschel. Nervös starrt er in die Dunkelheit. Dann führt er den Hörer langsam wieder ans Ohr.

»Natürlich werden sie uns mit allen Mitteln bekämpfen«, sagt die Krankenschwester. »Sie werden uns jagen. Sie werden versuchen, uns auszulöschen. Sie wissen, dass alles zusammenbricht, sobald die Menschen den Glauben verlieren. Deshalb haben sie solche Angst vor uns. Sie können sich keine Welt ohne Sklaverei vorstellen. Ohne Ziffern, ohne Kapital, ohne Ausbeutung. Für sie gibt es keine Welt ohne Hierarchien und Konkurrenz. Deshalb werden sie fragen, wer dein Anführer ist. Dann sollst du antworten, dass du dein eigener Herr bist, und das ist die reine Wahrheit.«

Der Mann zieht die Nase hoch und blinzelt. In seinen Augen stehen Tränen. Plötzlich wird die Frauenstimme streng.

»Hör gut zu. Folgendes wird geschehen: Während wir dein endgültiges Verschwinden vorbereiten, bleibst du weiter inkompetent, schiebst weiter eine ruhige Kugel und erfüllst deine Aufgaben nicht. Du bremst sie aus, schiebst alles auf die lange Bank und machst Fehler. Das ist unser Widerstand, unser Kampf. Und vergiss dabei nicht, jede Menge Ecobeans-Milchkaffee zu trinken.«

Der Mann betrachtet den Pappbecher, zieht die Augenbrauen hoch und trinkt einen großen Schluck.

»Eines Tages wirst du in einer neuen Welt aufwachen. Bitte sprich nach dem Signal deutlich den Namen und die

Steuernummer, die du hinter dir lassen willst, auf das Band und warte weitere Instruktionen ab.«

Der Mann hustet und wartet.

Draußen fällt ein eiskalter Regen auf Stockholm.

Ein Signal ertönt.

»Piiiep.«